Arnim Och, 1934 in Zürich geboren, begann schon während der Schulzeit und später während seiner Bankausbildung Kurzgeschichten zu schreiben, von denen zwei bei Wettbewerben Preise erhielten. Seine bisher erfolgreichsten Romane waren »Zürich Paradeplatz« und »Die Diplomaten«. Alle Bücher des Autors haben gemeinsam, daß sie nicht nur spannende Unterhaltung, sondern gewissermaßen in die Handlung verpackt viel Wissenswertes zu bieten haben.

Arnim Och lebt in Zürich.

Von Arnim Och sind außerdem erschienen:

»Die Zürich-Affäre« (Band 1193)
»Insidergeschäfte« (Band 1565)
»Plötzlich im Februar« (Band 2841)

Originalausgabe Mai 1991

Umschlaggestaltung Adolf Bachmann
Umschlagfoto Photodesign Mall
Satz MPM, Wasserburg
Druck und Bindung Ebner Ulm
Printed in Germany 5 4 3 2 1
ISBN 3-426-03075-6

Arnim Och:
Unternehmen Feuervogel

Roman

Knaur

1

Galants Bleistift lag in seinen Fingern, als werde er von einer unsichtbaren Macht geführt. Die Striche kamen auf das Papier, als führe ein Zauberer das aus, was ein Mensch sich vorgestellt hatte.
Das Telefon klingelte.
»Varös«, sagte der Zeichner, und es klang, als sei er gerade aus einem Traum erwacht.
»Hier ist Fangat«, meldete sich eine Männerstimme.
»Oh, Herr Fangat«, sagte der Zeichner. »Wie geht es?«
Seiner Stimme und der Wahl seiner Worte war anzumerken, daß er nervös war, denn es ging um eine Entscheidung.
Auch der andere Mann spürte es, auch bei ihm ging es um eine Entscheidung.
»Herr Varös«, sagte Fangat in einem Ton, aus dem zu hören war, daß er sich zu einem Entschluß durchgerungen hatte, »es tut mir leid. Die Kommission hat sich leider gegen Sie entschieden.«
Galant Varös schluckte. »Ist das definitiv?« fragte er tonlos.
»Ich befürchte es«, antwortete Fangat.
»Befürchten Sie es oder wissen Sie es? Heißt das, daß es nichts mehr daran zu rütteln gibt?«
»Ich befürchte, daß es genau so ist, wie ich Ihnen gesagt habe«, erklärte Fangat maliziös, gedehnt und doch bestimmt. Er war ein Meister jener Formulierungen, die alles offenließen.

Varös verlor plötzlich die Geduld. »Verdammt noch mal«, schrie er mit sich überschlagender Stimme, »wie ist das nun genau, kriege ich den Auftrag oder nicht?«
»Wie ich schon sagte«, murmelte Fangat, »ich glaube, es ist nichts mehr zu machen.«
»Schon wieder nicht? Warum denn nur?« fragte Varös, und seine Stimme war plötzlich kaum mehr zu hören.
»Es tut mir leid.«
Es tat Fangat wirklich leid. Varös war ein guter Mann. Aber in einem solchen Moment ...
Neben Fangat stand ein magerer Mann mit einem unangenehmen Gesicht. Seine Haare waren streng nach hinten gekämmt, und seine Augen erinnerten an trübes Eis. Er trug einen Regenmantel, helle Hosen, ein weißes Hemd und eine blaue Krawatte.
»Zufrieden?« fragte Fangat. Er war der Mann, der im Namen des Ungarischen Fremdenverkehrsamtes Aufträge vergab und auf höhere Weisung hin Varös nicht mehr berücksichtigen durfte.
Der Angesprochene hieß Barkosc. Er verzog jetzt den Mund, und es war nicht zu erkennen, ob das nun ein Lächeln sein sollte.
»Nun?« fragte Fangat wieder.
»Genau richtig«, antwortete Barkosc, doch Fangat hatte seine Zweifel, ob er es auch so meinte.
»Hat er geschrien und getobt?«
Fangat nickte. »Zuerst hat es ihm beinahe die Sprache verschlagen, und dann ist er durchgedreht.«
»Wie oft hat er jetzt keinen Auftrag mehr von Ihnen erhalten?«
»Jetzt ist es das fünfte Mal. Ich glaube, er ist so ziemlich am Ende. Warum bekommt ...«

Barkosc zog die Augenbrauen hoch.
Er streckte die Hände in die Taschen seines Regenmantels und schlenderte im Büro umher. Vor einem Fenster blieb er stehen.
Ein leichter Regen sprühte gegen die Scheibe, und es dauerte eine Weile, bis die Nässe so viel Gewicht hatte, daß sich Tropfen bilden konnten, die langsam über das Glas nach unten rannen.
Barkosc freute sich über diese Mitteilung, auch wenn er es nicht zeigte. Niemand brauchte es zu erfahren. Darum sagte er auch nicht, daß Varös sich genau dort befand, wo er ihn haben wollte.
»Was geschieht jetzt?« fragte Fangat.
»Gar nichts. Wir lassen die Angelegenheit ein bißchen ruhen, dann sehen wir weiter. Es bestehen Pläne. Machen Sie sich keine Sorgen.«
»Und wenn er mich anruft?«
»Dann sagen Sie, daß Sie im Augenblick nichts tun können. Es sei aber eine Veränderung im Gang, die sich günstig für ihn auswirken könne.«
Fangat lächelte schief. Er glaubte dem Dünnen nicht. Warum wollten sie Varös fertigmachen?
Aber was Fangat glaubte oder nicht glaubte, machte auf Barkosc keinen Eindruck. Es bestanden Pläne, und sie würden verwirklicht werden. Ob ein Mann wie Fangat zweifelte, hatte auf das Ganze so gut wie gar keinen Einfluß. Es gab eine Gruppe, und die war stark.
Plötzlich drehte Barkosc sich um. »Wir übernehmen nun Varös«, sagte er leise, als stelle er nur fest, aber seine Worte klangen wie eine Drohung. »Suchen Sie sich einen neuen Mann. Später werde ich Ihnen alles erklären.« Er hatte es nicht im Sinn.

Mit einer ruckartigen Bewegung stieß er sich vom Fensterbrett ab, sagte auf Wiedersehen und stiefelte mit kerzengeradem Rücken hinaus.

Budapest, die Hauptstadt Ungarns, zählte zu diesem Zeitpunkt etwas mehr als zwei Millionen Einwohner. Hier konnte man Lacoste-Artikel und Bally-Schuhe kaufen, und für die Touristen aus dem Westen wurde überhaupt viel getan. Die Architektur der Stadt war wunderschön, und für das Vergnügen fand man alles, was man wollte.

Es gab Nachtklubs, piekfeine Lokale und exzellentes Essen. In der Konditorei Gerbeau zum Beispiel, die von einem Schweizer gegründet worden war, gab es eine Auswahl an Kuchen, die einmalig war.

Barkosc lief über die Straße, nachdem er das Gebäude aus schwärzlich gefärbtem Sandstein verlassen hatte. Es war in der Radnoti-Miklos-Straße, nicht weit entfernt vom Parlament.

Auf der Margareteninsel inmitten der Donau war schon der Springbrunnen angestellt, die Wiese zeigte sich in frischem Grün, im Rosengarten trugen die Sträucher die ersten Knospen, und vor der Fischerbastei saßen ein paar Maler, die ihre Kunstwerke den ersten Touristen verkaufen wollten.

Doch das alles sah Barkosc nicht. Und die Mädchen mit den Miniröcken und den hochhackigen Schuhen sah er auch nicht. Er beachtete das Tragflügelboot nicht, das von Wien her kommend die ungarische Hauptstadt anlief.

Es war Anfang Mai in Budapest, aber das hatte für ihn keine Bedeutung. Er dachte schon lange an den Herbst. Im Oktober würde Varös nicht mehr hier sein, und Fangat

würde seine Ruhe haben. Beamte, die ihre Ruhe hatten, stellten keine lästigen Fragen.
Barkosc hatte noch nie wahrgenommen — wahrscheinlich wußte er es nicht einmal —, daß sich an den Wochentagen in der Innenstadt über dreihunderttausend Menschen tummelten. Dieser fünfte Stadtbezirk von Budapest wurde mit einem Seitenblick auf London auch »City« genannt. Ein wenig erinnerte dieses Viertel an das »Quartier latin« in Paris.
Und das war wirklich erstaunlich, wo Budapest doch immer noch als eine Stadt hinter dem Eisernen Vorhang galt.
Irgendwann einmal hatte Barkosc zur Kenntnis genommen, daß die »Vaci utca«, die autofreie Fußgängerzone und Einkaufsstraße, das war, was im Westen jede größere Stadt hatte. Das Neueste aus Paris und London war stets nach kurzer Zeit auch hier zu kaufen.
Dieser Teil der Großstadt war wie die Burg, der Gellert-Berg, das Donauufer, der Vörösmarty-Platz und vieles mehr meistens den Touristen vorbehalten. Das war vielleicht auch jener Teil, den er in Zukunft etwas genauer betrachten mußte. Er und Varös.
Barkosc betrat eine Telefonzelle, warf ein paar Münzen ein und wählte eine Nummer, die nur wenigen bekannt war. Eine Männerstimme meldete sich, und Barkosc sagte: »Es ist soweit, Varös ist am Ende.«
»Was wirst du jetzt unternehmen?« fragte der Mann.
»Das, was vereinbart worden ist«, antwortete Barkosc mit schmalen Lippen.
»Und was ist vereinbart worden?« schrie der Mann am anderen Ende so laut, daß dem Dünnen der Hörer beinahe aus der Hand fiel.
»Wir lassen Varös ein paar Tage schmoren«, sagte Barkosc.

Seine Stimme klang ein bißchen verängstigt. Überall auf der Welt gab es solche, die Befehle erteilten, und solche, die sie in Empfang nehmen mußten.
Und der Mann, der geschrien hatte, stand eindeutig über Barkosc, also hatte er das Schreien hinzunehmen.
»Und dann«, fuhr er mit unbeteiligter Miene fort, »tauche ich völlig überraschend bei Varös auf. Er kennt mich nicht, er wird aus allen Wolken fallen, wenn er hört, um was es geht. Aber er wird mitmachen. Er ist überzeugter Kommunist. Darum haben wir ihn ausgewählt.«
Der Mann, dem berichtet wurde, saß in einem Stuhl mit einer runden Lehne. Es war ein Spezialstuhl, denn der Mann war ungewöhnlich dick. Sein Bauch war weich wie Schaumgummi und schien sich sogar nach hinten bis auf den Rücken auszubreiten. Schultern und Kopf waren wie eine Einheit.
»Und der Feuervogel?« fragte der Dicke.
»Da läuft alles normal«, antwortete Barkosc. »Meine Leute haben sie unter Kontrolle. Es kann . . .«
»Du gehst heute noch zu Varös und Cristina«, unterbrach der Dicke befehlend. »Die Pläne sind geändert worden. Man will nicht länger warten. Das Unternehmen soll vorangetrieben werden.«
Er legte auf. Barkosc stieß mehrere Flüche aus. Und er überlegte sich bereits, wie er vorgehen sollte.

Der Grafiker Galant Varös war in jeder Hinsicht durchschnittlich. Er hatte ein Allerweltsgesicht und fiel durch nichts auf. Er war nicht außergewöhnlich attraktiv, und er hatte auch keinen Makel.
Er war genau das, was die Leute im Ministerium brauchten.

Und er hatte eine Freundin.
Sie hieß Cristina Szabo, war einssiebzig groß, vollschlank, hatte fülliges kastanienbraunes Haar und fröhliche blaue Augen.
Cristina arbeitete als Kellnerin in einem der großen Hotels in Budapest, in denen vor allem Touristen aus dem westlichen Ausland abstiegen.
Sie hatte Franzosen, Italiener, Engländer, Deutsche und Schweizer kennengelernt, und mit allen hatte sie sich glänzend verstanden. Sie hatte sich mit ihnen unterhalten, so gut es eben ging. Das hatte sie immer besonders genossen. Manchmal war sie auch mit Gästen ausgegangen, obwohl sie es nicht hätte tun dürfen.
In jenem Hotel, in dem Cristina arbeitete, gab es einen Nachtklub. Sie hatte sich einige Male mit den Mädchen unterhalten, die dort allein herumsaßen und an einem Drink nippten. Es war genauso wie in irgendeinem Nachtklub in irgendeiner westeuropäischen Großstadt.
Auch wenn Cristina es besser hatte als viele andere in ihrem Land, gab es dennoch Wünsche, die nicht erfüllt werden konnten.
Da war der heimliche Wunsch nach dem Westen, der durch die Hotelgäste ständig aufrechterhalten wurde. Und da war die Vorstellung, der Westen wäre ein einziges Schlaraffenland. Cristina wäre sofort mitgegangen, wenn einer gekommen wäre und gesagt hätte, ich hole dich hier raus, du wirst das Paradies erleben.
Nach zwei Liebschaften, die ihre Erwartungen nicht erfüllt hatten, war sie einmal mit einem Hotelgast in dessen Zimmer gegangen. Es war ein erotisches Erlebnis gewesen, mehr nicht, aber mehr hatte Cristina auch nicht gewollt.

Dann hatte sie Varös kennengelernt.
Das Hotel hatte in der Halle an einer Wand Zeichnungen von ihm aufgehängt. Es kam regelmäßig vor, daß das Hotel Werke von ungarischen Künstlern ausstellte. So konnten die Gäste etwas kaufen, und das brachte Devisen.
Auch in der Boutique im ersten Stock waren Varös' Zeichnungen ausgestellt gewesen. Eine bescheidene Vernissage hatte stattgefunden. Cristina hatte sich unter den interessierten Gästen aufgehalten. Und sie hatte sich sofort in Varös verliebt.
Seither waren zwei Jahre vergangen. Es war vielleicht etwas merkwürdig, daß sie noch nicht verheiratet waren. Unter Umständen lag es daran, daß Varös als Grafiker zuwenig verdiente.

Der Dicke, der Barkosc so kaltschnäuzig abgefertigt hatte, schnaufte hörbar. Das tat er eigentlich immer, und sogar gute Freunde prophezeiten ihm kein hohes Alter. Das Herz würde irgendwann vom Fett erdrückt, meinten sie.
Jan Matus, der dick war und hinter vorgehaltener Hand auch so genannt wurde, kümmerte das wenig. Er hatte höhere Ziele. Eines, wahrscheinlich sogar das höchste, war dieses Unternehmen, das sie insgeheim »Feuervogel« nannten. Das mußte noch zu Ende geführt werden. Dann hatte er sein Ziel erreicht, ob das nun der Friedhof war oder irgendeine Klinik.
Er stemmte sich von seinem Spezialstuhl hoch. Er hielt ein paar Blätter Papier in der Hand, die dicht beschrieben waren. Sie bedeuteten einen Teil des Unternehmens und mußten nun in die richtigen Hände verteilt werden.
»Brenda!« schrie Matus, und er rang nach Atem. Sein Büro war mit dunklen Möbeln ausgestattet. Parteiparolen

schmückten die Wände, aber seit Reagan und Gorbatschow sich in Moskau getroffen hatten, zweifelte Matus, ob diese Parolen noch lange an der Wand hingen.

»Brenda!«

Sie stieß die Tür auf und lächelte, und wenn Brenda lächelte, schien die Sonne. Sie hatte ein rundes Gesicht, sinnliche Lippen, kurzes blondes Haar und klare braune Augen.

»Kopieren«, befahl Matus und hielt der Frau die Blätter hin. Er ging ihr nach, als sie mit den Papieren das Büro verließ, denn sie durfte nicht allein gelassen werden. Schließlich waren die Papiere streng geheim. Aber Matus war von der Treue Brendas so überzeugt, daß er auch im Büro hätte bleiben können.

Brenda wußte das alles. Sie wußte auch von dem Vertrauen, das Matus ihr entgegenbrachte, und sie nutzte es aus. Sie war nicht halb so ergeben, wie er glaubte.

»Zwölf, wie immer?« fragte sie.

Er nickte.

Sie stellte auf dem Kopiergerät die Anzahl der herzustellenden Kopien ein, und zwar so deutlich, daß Matus es genau sehen konnte.

Der Kopierer, ein modernes Gerät der amerikanischen Firma Rank Xerox, surrte los, zog die Blätter auf der einen Seite ein und schob die Kopien auf der anderen Seite wieder hinaus.

Matus war überzeugt, daß alles mit rechten Dingen zuging. Brenda machte die ganze Sache so geschickt, daß Matus nicht nachzählte. Das Kopiergerät hatte einen Fächer, der die Kopien sortierte. Brenda nahm die Blätter, heftete sie zusammen, und während Matus vor ihr herging, sagte sie plötzlich: »Jetzt sind es doch nur elf Ko-

pien. Ich habe aber zwölf eingestellt, du hast es gesehen, Jan. Wahrscheinlich ist das Zählwerk nicht in Ordnung.«
Matus stieß verächtlich die Luft aus. Er ging weiter zu seinem Büro, um zu warten, bis Brenda die fehlende Kopie gemacht hatte und ihm bringen würde.
Sie ging zum Kopierer zurück. Natürlich stimmte das Zählwerk, und das Gerät hatte zwölf Kopien gemacht. Aber das war eben ihr Trick. Und der hatte bisher immer funktioniert.
Hastig ließ sie die Originale durchlaufen, stopfte die Kopien unter ihren dünnen Pullover und klemmte die unteren Ränder der Papiere in den Bund ihres Rockes, so daß sie nicht herausfallen konnten.
»So«, sagte sie und legte alles vor Matus hin. »Jetzt stimmt es. Kann ich gehen, oder brauchst du mich noch?«
Matus schüttelte den Kopf. »Es ist spät genug. Du warst schon zu lange hier. Viszontlát — Wiedersehen«, sagte er.
Er hörte ihre Schritte, und er hörte Türen schlagen. Dann machte er sich daran, die Papiere in Umschläge zu stecken und zu beschriften. Für alle zwölf, die mit dem Unternehmen Feuervogel zu tun hatten und an dessen Gelingen interessiert waren, ein Exemplar.
Matus schaute die Umschläge kurz an. Er war müde. Es war ein langer Tag gewesen. Bald würde das Unternehmen in die entscheidende Phase treten. Und in jeder Phase gab es wichtige und weniger wichtige Punkte.
Jetzt kam es vor allem auf Barkosc an.

Sie saßen sich in der Bar im ersten Stock gegenüber. Varös runzelte die Stirn. Es war mehr als nur ein momentanes Gefühl.

»Du mit deinem Tokajer«, knurrte er.
Cristina lächelte. Sie liebte den Tokajerwein über alles, und sie behauptete sogar scherzhaft, mit der Zunge »sehen« zu können.
Der Tokajer, gewonnen in Tokaj im Nordosten von Ungarn, wurde vor allem aus den sehr reifen Trauben der Sorten »Furmint«, »Harslevelü« oder »Sargamuskotaly« gewonnen. Sie schaute etwas verächtlich auf den Aprikosenschnaps, ebenfalls eine Spezialität, den sie aber gar nicht mochte, weil er, wie sie sagte, vor allem den Touristen angedreht wurde.
»Der hier kommt aus Harslevelü«, sagte sie lachend und legte ihre Hand auf seine. »Auch wenn ich es nicht gewußt hätte, wäre ich darauf gekommen.«
Sie schüttelte eine Zigarette aus einer Packung, die ihr ein Gast bei seiner Abreise geschenkt hatte.
Varös mochte es nicht, wenn sie rauchte, aber Cristina hatte immer das Gefühl, daß Rauchen mit westlicher Freiheit zu tun hatte.
»Von wem hast du die?« fragte er mürrisch.
Der tägliche Umgang mit den westlichen Gästen tat ihr sowieso nicht gut, davon war Varös überzeugt. Sie vergaß dabei alles, was sie einmal über den Sozialismus gelernt hatte.
»Irgendein Gast aus dem achten Stock«, antwortete Cristina. Sie zeigte auf die Schachtel. »Siehst du, hier hat der Mann die Zimmernummer aufgeschrieben, damit er sie nicht vergißt.«
Völlig unerwartet legte sie die Hand auf seine Wange. »Was ist denn los?« fragte sie. »Warum bist du so mißmutig? Ich muß noch drei Stunden arbeiten — dann sind wir allein. Ich freue mich darauf. Und du?«

Er starrte in sein Glas, und mit einem Mal beugte sie sich zur Seite und schaute unter den Tisch. »Wo hast du deine Tasche? Ich dachte, du wolltest Tennis spielen?«
Er hob sein Glas und trank es in einem Zug leer. »Alles läuft schief«, sagte er mit schmalen Lippen, als unterdrücke er einen Fluch.
»Was denn?«
»Ich bekomme den Auftrag nicht.«
»Schon wieder nicht?«
»Ja.«
»Da stimmt doch etwas nicht«, stellte Cristina entrüstet fest. »Bis jetzt hast du . . .«
»Bis jetzt, bis jetzt«, maulte Varös so laut, daß zwei Deutsche am Nebentisch die Köpfe nach ihnen wandten, obwohl sie nichts verstanden.
»Haben sie dir gesagt, warum du keine Aufträge mehr bekommst?«
Er schüttelte den Kopf.
»Das paßt zu ihnen«, sagte sie böse.
»Blödsinn«, murrte Varös. »Das ist nichts Politisches.«
»Da steckt sehr wohl etwas Politisches dahinter«, entgegnete Cristina mit Nachdruck.
Die Worte flogen hin und her, und deshalb achteten die beiden auch nicht auf den Mann, der nur wenige Tische von ihnen entfernt saß.
Er hörte nicht, was die beiden miteinander sprachen, aber das war auch nicht notwendig. Er hatte sie nur zu beobachten, und genau das tat er.
Er war ein sehr schlanker Mann mit einem schmalen Gesicht, einem dünnen Schnurrbart, einem fliehenden Kinn und unergründlichen Augen.
Er gehörte zu jenen Leuten, die Barkosc als »meine« be-

zeichnete. Er saß einfach da und rauchte. Die Zigaretten hatte er kaufen müssen, aber er verdiente auch genug, eben weil er für Leute wie Barkosc arbeitete.
Tagsüber war er ein Hotelpage, der den Ausländern die Koffer aufs Zimmer brachte und sich dabei ärgerte, daß diese Leute so gut gelaunt waren. Aber die hatten auch allen Grund dazu. Ihr Geld war hier viel mehr wert als im eigenen Land, und sie bekamen von allem nur das Beste.
Cristina atmete tief durch. »Galant«, sagte sie leise, »wir lieben uns. Da können die Probleme noch so groß sein, unsere Liebe bleibt. Komm doch zu mir, und wir vergessen alles.«
Auch Varös holte tief Luft und sagte: »Du hast recht, aber irgendwie behagt mir das Ganze nicht.«
»Mir auch nicht, aber ich lasse es dich und die anderen nicht spüren.«
»Was sollen wir denn tun?«
Cristina zuckte die Achseln. »Darum hast du also deine Tennissachen nicht mitgenommen. Ich verstehe.«
»Du verstehst es nicht, und ich verstehe es auch nicht«, sagte Varös. Ihm war weder nach Liebe noch nach Tennis zumute. Er wollte einfach nur wissen, warum er keine Aufträge mehr bekam.
»Komm, gehen wir«, sagte Cristina bestimmt. »Wir müssen etwas anderes tun, als nur hier herumzusitzen.«
»Was denn?«
Wieder zuckte Cristina die Achseln. »Ich weiß es auch nicht. Irgend etwas.«
Sie stand auf, und in der gleichen Sekunde stand auch der schlanke Mann mit dem fliehenden Kinn auf. Er ging auf die Aufzüge zu, weil er annehmen konnte, daß die

beiden kein Zimmer im Hotel aufsuchten. Er behielt recht.
Er stand wie ein wartender Gast da und schaute den beiden nach, und als sie durch die Schiebetüren ins Freie strebten, ging er langsam hinterher.
Zwei Trabant standen vor der Einfahrt. Beide wurden von Touristen beansprucht, und es dauerte ein paar Minuten, bis ein weiteres Taxi kam. Cristina und Varös stiegen ein, und der Mann ging ins Hotel zurück zu einer Telefonzelle, die sich neben dem Empfang befand.
Er wählte eine Nummer, und schon nach dem ersten Läuten meldete sich die Stimme von Barkosc: »Ja?«
»Sie sind weggegangen«, sagte der schlanke Mann. »Sie haben sogar ein Taxi genommen. Es ist anzunehmen, daß sie jetzt nach Hause fahren.«
»Danke«, sagte Barkosc, der sich nie auf Vermutungen verließ, dies aber den Hotelpagen nicht wissen ließ.
»Ich gehe jetzt«, sagte er.
»Natürlich. Ich melde mich wieder.«
Barkosc unterbrach die Verbindung und wartete ein paar Sekunden. Er war dankbar für das moderne Telefon, ein deutsches Fabrikat. Nicht jeder hatte einen solchen Apparat, und er hatte ihn auch nur deshalb bekommen, weil er eine wichtige Person innerhalb einer geheimen Organisation war. Und der Kreis, zu dem Barkosc gehörte, war noch geheimer. Nur wenige wußten davon.
Barkosc wählte eine Nummer. »Juri«, sagte er, als sich eine Stimme meldete, »du postierst dich gegenüber von Varös' Wohnung. Es gibt dort einen Lebensmittelladen, der eine Einfahrt in den Hof besitzt. Dort wartest du im Wagen, und wenn die beiden erscheinen, meldest du es mir unverzüglich.«

»Klar, Chef«, bestätigte eine Männerstimme.
»Und wenn du einschläfst, dann sorge ich dafür, daß du für immer schläfst«, sagte Barkosc leise, aber deutlich. Er legte rasch auf. Ein kleines Lächeln huschte über seine Lippen.
Er liebte es, Drohungen auszusprechen. Das wirkte immer.

Um halb neun an diesem Abend, als Varös und Cristina das Hotel verlassen hatten und der Mann mit dem fliehenden Kinn mit Barkosc telefoniert hatte, trafen zwei große Reisebusse ein.
Sie kamen vom »Ferihegy 2«, dem Flughafen für Ausländer, und sie entließen eine lärmende Schar Touristen, die aus der Bundesrepublik Deutschland und aus der Schweiz mit Chartermaschinen angekommen waren.
Die Reiseleiterin der Schweizer hieß Claudia, sie hatte eine schlanke Figur, ein schmales Gesicht, lange blonde Haare, die zu einem Pferdeschwanz gebunden waren, und ein Lächeln auf den Lippen, das wie aufgemalt aussah. Dieses Lächeln hatte sie auch, wenn sie zudringliche Touristen abwehrte.
»Gehen Sie bitte in die Hotelhalle«, rief sie in die Schar der schnatternden Touristen hinein.
»Und das Gepäck?« fragte eine hagere Frau mit einem strengen Gesicht. »Ich lasse doch meine Koffer nicht aus ...«
»Sie können volles Vertrauen haben«, sagte Claudia lächelnd. »Bis Sie sich eingetragen haben, ist Ihr Gepäck bereits auf Ihrem Zimmer. Und zwar im richtigen Zimmer, das können Sie mir glauben.«
Die Frau zog die Stirn kraus, und was sie dachte, war deutlich zu sehen. Im Ausland konnte einfach nichts klappen.

Die Hotelpagen, unter ihnen der Mann mit dem fliehenden Kinn, stapelten das Gepäck turmhoch auf ihren kleinen Karren und schoben es ins Hotel. Vor der Rezeption stand eine lange Warteschlange, und der Aprikosenschnaps, den einige Touristen im Flugzeug gekauft hatten, machte seine Runde.

Es dauerte ungefähr vierzig Minuten, bis alle Touristen in ihren Zimmern waren und in der Halle wieder der normale Betrieb herrschte.

Claudia setzte sich an einen Tisch in der Bar, die sich in der Hotelhalle befand. Sie nahm ihre schmale Brille ab. Ihre Augen brannten. Die Ankunft und die Abreise, das waren immer die schlimmsten Momente.

Weiter hinten, wo eine Treppe zu den Toiletten und zu dem Nachtklub führte, rauchte eine Frau eine Zigarette. Sie hatte ein rundes Gesicht und kurzes blondes Haar. Ihre braunen Augen überblickten die ganze Halle, aber sie interessierte sich nur für eine Person.

In einem großen, mit Sand gefüllten Aschenbecher drückte sie die Zigarette aus. Sie strich sich ein paar Strähnen aus dem Gesicht, ging langsam auf den Hoteleingang zu, blieb dann kurz stehen und steuerte schließlich zielstrebig auf die Reiseleiterin zu.

»Hallo, Claudia«, sagte sie, und ihre Stimme klang, als sei sie gelaufen.

»Oh, Brenda«, sagte die Frau überrascht. »Ich habe dich lange nicht mehr gesehen. Setz dich.«

Sie schob einige Blätter zusammen. Die Arbeit war fürs erste getan, und sie befaßte sich bereits mit den Ausflügen, zu denen sich Touristen angemeldet hatten, und die eine zusätzliche Einnahme bedeuteten.

»Wie geht's?« fragte Brenda.

»Wie immer an einem Ankunftstag. Man sollte erst einmal die Leute kennenlernen, aber ich befasse mich schon mit dem, was morgen geschieht.«
»Dann kann dir ein Glas Wein nur guttun«, meinte Brenda und eilte zum Büfett.
»Und, hast du wieder einen Brief?« fragte sie, als Brenda mit dem Wein zurückkam.
Brenda nickte und hielt den Blick gesenkt. »Macht es dir wirklich nichts aus?« fragte sie und hob den Kopf, schon mit dieser Geste um Verzeihung bittend.
»Nein, nein«, sagte Claudia. »Wenn alles so geht wie bisher, dann macht es mir nichts aus.«
Vor einiger Zeit, das war jetzt schon mehr als ein Jahr her, war der Mann in Zürich, der die Briefe bekommen sollte, auf die Idee gekommen, auf diese Weise vorzugehen. Eine Reiseleiterin wurde kaum kontrolliert, und ein Brief ließ sich überall unterbringen.
Brenda hatte ihr gesagt, daß sie für einen Mann schwärme, der in Zürich wohne und einmal als Tourist hiergewesen sei. Wenn Claudia die Briefe überbringe, könne sie, Brenda, mehr schreiben, als wenn sie die Briefe mit der Post sende.
Claudia hatte das verstanden, und so waren sie nicht nur Vertraute, sondern auch Freundinnen geworden.
Wie hingezaubert hielt Brenda plötzlich einen Umschlag in der Hand. »Wenn du den mitnehmen könntest ...« sagte sie leise.
Claudia lächelte. »Klar. Solange du keine Devisen schmuggelst oder Staatsgeheimnisse verrätst, wird ja wohl nichts passieren.«
Brenda lächelte, ohne zu antworten, und es war ihr nicht anzusehen, daß sie beinahe den Atem anhielt. Was sie

Claudia mitgab, war nichts anderes als die Kopien, die sie zusätzlich gemacht hatte.
Bei Claudia war es so, daß sie mit den abreisenden Touristen nach Zürich flog, dort den kurzen Aufenthalt meistens nutzte, um etwas im Duty-free-Shop zu kaufen. Und fast immer brachte sie dann Zigaretten oder Schokolade mit, die sie an ihre Bekannten in Budapest verteilte.
Manchmal aber ging sie durch die Paßkontrolle und den Zoll, um in einem Restaurant, zu dem jeder Zutritt hatte, etwas zu essen. Dort traf sie dann den Mann, dem sie den Brief aushändigte.
»Ist es wieder der Mann mit der dunklen Brille?« fragte sie.
Brenda nickte.
»Die große Liebe, nicht wahr?«
Brenda lächelte und schwieg. Sie mochte den Mann überhaupt nicht, sie hatte ihn nur einmal gesehen. Sie war instruiert worden, das Material auf diese Weise weiterzugeben, und der Mann hatte Anweisungen erhalten, es in Empfang zu nehmen.
»Ich danke dir«, sagte Brenda und streichelte Claudia die Hand. »Ich hoffe sehr, daß ich einmal etwas für dich tun kann.«
Claudia steckte den Brief in eine Aktentasche mit Arbeitspapieren. In drei Tagen würde sie wieder nach Zürich fliegen und mit neuen Touristen zurückkommen. Dann hatte die ganze Sache bereits keine Bedeutung mehr.

Der Mann, der vor Varös' und Cristinas Wohnung wartete, war hellwach. Die Drohung von Barkosc hatte gewirkt. In einer Thermosflasche hatte er Kaffee bei sich,

und im Autoradio hatte er einen österreichischen Sender eingestellt.
Als plötzlich die Tür seines Wagens aufgerissen wurde, verschluckte er sich vor Schreck beinahe am Kaffee.
»Irgendwelche Vorkommnisse?« fragte Barkosc ohne Begrüßung und ohne Einleitung. Er liebte nicht nur Drohungen, er kam auch gerne sofort zur Sache.
»Es ist jetzt halb elf, und die beiden sind noch nicht zu Hause«, antwortete der Mann.
»Dann werden sie ja bald kommen«, meinte Barkosc. »Sie können jetzt gehen, Feldö, ich rufe Sie wieder an, wenn ich Sie brauche.«
Der Mann nickte, nahm die Thermosflasche, huschte wieselflink hinaus und verschwand noch vor einer herannahenden Straßenbahn in der Dunkelheit.
Barkosc drehte das Radio aus. Er mochte keine österreichischen Sender.
Seine Geduld wurde auf keine harte Probe gestellt. Kurz vor elf Uhr sah er die beiden kommen. Offensichtlich hatten sie für den Nachhauseweg kein Taxi genommen.
Cristina hatte den Arm um Varös' Hüfte gelegt, und sie wirkten ziemlich schweigsam. Wie ein Liebespaar, das sie doch waren, sahen sie nicht aus.
Aber sie konnten ein Liebespaar bleiben und zugleich etwas anderes werden. Barkosc stieg aus. Als Varös die Haustür aufschloß, hatte er sie eingeholt.
»Guten Abend«, sagte Barkosc.
Varös und Cristina schauten ihn stumm an.
»Ich habe etwas mit Ihnen zu besprechen.«
Cristina schüttelte den Kopf. »Um diese Zeit? Machen Sie mir nichts vor. Sie ...«
»Ich komme von einem Ministerium«, sagte Barkosc. »Ich

weiß, daß Sie, Herr Varös, keine Aufträge mehr von einem Herrn Fangat bekommen. Ich kann Ihnen ein Angebot machen.«
»Um diese Zeit?«
»Und vor allen — *warum* um diese Zeit«, sagte Cristina. Sie hatte ein ungutes Gefühl und trat instinktiv einen Schritt zurück.
»Wenn jemand von einem Ministerium in der Nacht kommt, kann es nichts Gutes sein«, stellte sie sachlich fest.
Barkosc lächelte, das war sogar in der Finsternis zu erkennen.
»Wenn jemand von einem Ministerium in der Nacht kommt, hat das seinen Grund«, meinte er. »Es ist einfach so, daß uns nicht alle Leute sehen müssen. Wenn Sie mein Angebot nicht annehmen, hat uns niemand gesehen, und niemand weiß etwas davon.«
»Und wir könnten nie beweisen, daß Sie uns aufgesucht und angesprochen haben«, stellte Cristina fest.
Barkosc schwieg.
Varös hatte anfangs ebenfalls ein ungutes Gefühl gehabt. Aber das war jetzt verschwunden. Jetzt spürte er etwas ganz anderes. Er witterte ein Abenteuer, etwas, was auch gefährlich werden konnte, aber seltsamerweise hatte Varös davor keine Angst. Er würde es tun, obwohl er wußte, daß es besser wäre, es nicht zu tun.
»Kommen Sie mit nach oben«, sagte Varös unternehmungslustig. Er war plötzlich überzeugt, daß der Mann etwas von ihm wollte und daß es gar nicht um ein Angebot ging. Der Unterschied war zwar klein, konnte aber wesentlich sein. Und genau darauf war Varös gespannt.
Das kleine Wohnzimmer war mit dunklem Holz getäfelt,

zwei Stühle und ein alter Ledersessel standen darin. Sie setzten sich, und Varös sagte: »Ich habe noch zwei Flaschen Bier hier. Wenn Sie ...«
Barkosc schüttelte den Kopf. Er faltete die Hände und lehnte sich bequem zurück. Und dann sagte er das, was zwei Menschenleben verändern konnte, so, als bitte er sie, im nächstgelegen Supermarkt Fleisch zu holen.
»Ich arbeite in jenem Ministerium, dem der Geheimdienst unterstellt ist, und ich bin der Vertreter der Spionagezentrale. Ich möchte Sie fragen, ob Sie beide bereit wären, einen Auftrag anzunehmen, der Sie ins Ausland führen würde und bei dem Sie wahrscheinlich sehr lange nicht nach Ungarn zurückkehren könnten. Es ist nicht so, daß Sie in irgendeinem südamerikanischen Land eingesetzt würden. Sie kämen in ein deutschsprachiges Land.«
Es war vollkommen still im Raum. Varös und Cristina atmeten flach und langsam. Was da auf sie zukam, schien sie zu erdrücken. Varös faßte sich als erster.
»Und wenn wir nein sagen?« fragte er.
Barkosc schaute ihn direkt an. »Dann haben Sie und Cristina gar nichts zu befürchten. Es ist dann einfach so, als sei ich nie hier gewesen.«
»Wie heißen Sie?« fragte Cristina.
»Das werde ich Ihnen später sagen. Im Augenblick habe ich Ihnen lediglich ein Angebot gemacht. Sie können ja oder nein sagen.«
»Warum wir?« fragte Varös.
»Sie haben gute Voraussetzungen«, antwortete Barkosc und wieder war sein Blick direkt auf Varös gerichtet. »Sie sind linientreu, das ist wichtig, und Cristina wird Sie bei Ihrer Arbeit unterstützen.«

Varös stand auf und ging ein paar Schritte hin und her. »Das ist sehr viel, was Sie uns mit wenigen Worten zumuten«, sagte er.
»Dazu braucht es auch nicht mehr Worte«, erwiderte Barkosc. »Ich hätte eine halbe Stunde reden können, und es wäre doch das gleiche geblieben.«
»Auch wieder wahr. Und doch werden wir uns über das, was Sie uns vorschlagen, wohl etwas länger unterhalten müssen«, gab Varös zurück.
»Viel länger. Selbstverständlich können Sie sich alles in Ruhe überlegen und mir dann Ihre Entscheidung mitteilen.«
»Wie lange können wir es uns überlegen, und wie geben wir Ihnen Bescheid?« fragte Cristina.
»In vier Tagen komme ich wieder her«, antwortete Barkosc. »Um elf Uhr vormittags. Sie, Cristina, haben an diesem Tag Frühdienst. Sie können also um elf Uhr zu Hause sein.«
Damit hatte er ihnen auch gleich gezeigt, wie gut er informiert war. Das wirkte fast besser als eine Drohung.
Barkosc stand auf. »Noch eine Frage, die wichtig ist«, sagte Varös schnell, bevor Barkosc verschwinden konnte. »Sie sagten, der Einsatz sei in einem deutschsprachigen Land vorgesehen. Warum ausgerechnet ...«
Er hielt abrupt inne. Plötzlich wußte er die Antwort, als sei sie ihm souffliert worden.
Barkosc hatte wieder Grund für eines seiner seltenen Lächeln. »Ihre Großmutter sprach oft deutsch mit Ihnen, nicht wahr, Herr Varös?«
Er schluckte, dann nickte er. »Sie war Deutsche«, murmelte er.
Barkosc lächelte immer noch. »Sie war Schweizerin«, be-

richtigte er, und wieder hatte er ihnen gezeigt, wie mächtig er war und was er alles wußte.
»In vier Tagen hole ich die Antwort ab«, sagte er freundlich. »Und wenn Sie sich entschlossen haben mitzumachen, werde ich Ihnen sagen, was Sie für uns und die Partei tun sollen. Und dann haben Sie noch einmal Bedenkzeit. Wenn Sie danach immer noch bereit sind, für uns zu arbeiten, werden Sie in einer langen Ausbildung auf Ihre Aufgabe vorbereitet.«
Er drehte sich um und ging hinaus.

Vier Tage sind eine zu kurze Zeit, um sich darüber klarzuwerden, was es heißt, ein völlig neues Leben anzufangen. Cristina und Varös kannten zwar das Beispiel von jenem Feldherrn, der an Land ging und seine Schiffe hinter sich anzündete, damit es kein Zurück mehr gab. Aber sie wußten nicht, was das wirklich bedeutete.
Varös fühlte, daß er hier vor einem Sprung stand, der ihn in höchste Höhen führen konnte. Zu lange hatte er nichts tun können. Jetzt würde er wieder eine Aufgabe bekommen. Er sah sich plötzlich als Geheimagent. Er würde jemand Bedeutendes sein.
»Ich sage ja«, meinte er. Er hielt Cristina in seinen Armen, er spürte ihre Haut, und er war sich wieder einmal darüber im klaren, was für eine herrliche Frau sie war. Und sie würde bei ihm sein.
»Und wenn ich nein sage?«
Als Cristina die Frage stellte, spürte Varös eine Leichtigkeit, die er sich nicht erklären konnte.
Er legte sich auf sie und preßte sie mit beiden Armen an sich. Er wollte sie gefangenhalten. Sie durfte nicht fliehen.

»Wirst du denn nein sagen?« fragte er leise.
Sie gab keine Antwort, und das hielt Varös für ein gutes Zeichen. Er drückte sie noch fester an sich und liebkoste sie.
Als Barkosc nach vier Tagen kam, fand er das vor, was man im Volksmund eine gemähte Wiese nennt. Er hatte nichts mehr zu tun.
»Nun?« fragte er, aber er tat es nur der Form halber. Die Antwort stand so deutlich im Raum, als sei sie an die Wand des Wohnzimmers geschrieben.
»Wir machen mit«, sagte Varös, und damit war entschieden, daß sie ein völlig neues Leben beginnen würden.

Barkosc legte vor jeden einen Fragebogen hin. Er umfaßte acht Seiten, und er ließ nichts aus. Die Fragen wirkten zum Teil lächerlich und überflüssig. Sie bekamen erst eine Bedeutung, wenn man die Zusammenhänge kannte.
Zum Beispiel wurde gefragt, ob Varös anfällig für Fußpilz sei. Er spielte leidenschaftlich gern Tennis, und man hatte im Sinn, ihn auch im Ausland als Mitglied eines Vereins einzuschreiben. In der Garderobe eines Sportklubs war die Möglichkeit groß, sich eine Pilzkrankheit zuzuziehen.
Außerdem interessierte man sich dafür, welche Kinderkrankheiten sie durchgemacht hatten. Auch nach der Mitgliedschaft bei Vereinen und nach Abonnements von Zeitungen und Zeitschriften wurde gefragt. Das alles würden sie aufgeben müssen.
Es gab auch Fragen, die lauteten: »Waren Sie schon einmal im Ausland? Wenn ja, in welchen Ländern? Wer hat die Reise organisiert? Aus welchem Anlaß fand sie statt?«

»Welche Sprachen sprechen Sie?« hieß es irgendwo. »Wie haben Sie die Fremdsprachen gelernt?
Seit wann sind Sie Mitglied der Partei?
Welche Funktion bekleiden Sie innerhalb der Partei?«
So ging es weiter, und daß sie nicht fragten, wie oft er und Cristina miteinander schliefen und wo sie die Kartoffeln kauften, schien ihm fast wie ein kleines Wunder.
Einen gewissen Zynismus konnte er sich erlauben. Das war ihm jetzt klargeworden. Sobald er einiges wußte, konnten Sie ihn nicht mehr fallenlassen. Er hätte ja ausplaudern können.
Varös wollte unbedingt diese Aufgabe erhalten. Irgendwie erinnerte ihn die ganze Sache an James Bond. Das österreichische Fernsehen hatte einige dieser Filme gezeigt, und Varös hatte den Sender empfangen können. Er hatte auch die Sprache größtenteils verstanden, weil seine Großmutter oft mit ihm deutsch gesprochen hatte. Cristina hatte im Auftrag des Hotels einen mehrwöchigen Sprachkurs absolviert und konnte daher auch Deutsch.
Langsam begannen die beiden zu verstehen. Deshalb sollten sie also in einem deutschsprachigen Land eingesetzt werden.
Barkosc ließ plötzlich die Katze ein bißchen aus dem Sack.
»Ihre Tätigkeit«, sagte er wie nebenbei, und er tat so, als lese er immer noch die Antworten auf den Fragebogen, »Ihre Tätigkeit kann vom Gesetzgeber Ihres Einsatzlandes als illegal betrachtet werden. Auch wenn Sie gefaßt werden sollten, passiert Ihnen nichts Schlimmes. Sie werden nicht an die Wand gestellt oder zu Zwangsarbeit im Dschungel verurteilt. Sie könnten im Gefängnis landen, das ist alles.«

Das Leben in einem Gefängnis, und das verschwieg Barkosc, war auch in einem westeuropäischen Land alles andere als angenehm.
Cristina schaute Varös mit großen Augen an, aber er beachtete es nicht. Er hatte nicht im Sinn, sich erwischen zu lassen. Er wollte den Brüdern drüben eins auswischen.
»Was gibt es noch?« fragte er keck.
»Ihr Einsatz würde erst im Falle eines Krieges oder eines politischen Umsturzes Bedeutung bekommen. Sie sind so etwas wie ein Außenposten in Reserve«, gab Barkosc zur Antwort.
»In welchem Land werden wir denn eingesetzt?« fragte Varös gespannt.
»Haben Sie es noch nicht erraten?«
Und da wußte er es. Seine Großmutter war Schweizerin gewesen, nicht Deutsche, wie er vermutet hatte. Das hatte wohl den Ausschlag gegeben.
»In der Schweiz«, sagte Varös, und Barkosc nickte bestätigend.
Barkosc stellte sich vor Cristina und Varös hin und sagte leise: »Sie müssen vergessen, daß Sie Ungarn sind. Sie werden nicht nur ein neues Leben beginnen, Sie werden ganz neue Menschen sein. Das ist das Schwierigste. Aber keine Angst, wir werden das miteinander üben.«
»Neue Menschen?« fragte Cristina zweifelnd. »Kann man das?«
»Sie werden es müssen.«
Barkosc ging an den Tisch zurück, schob ein paar Papiere hin und her. Nach einer Weile hob er den Kopf. »Jetzt wissen Sie das Wesentliche. Sie haben noch einmal Bedenkzeit. Wenn Sie dann immer noch ja sagen, gibt es kein Zurück mehr.«

»Und wenn es ein Nein ist?« fragte Cristina.
Barkosc schaute sie fast belustigt an. »Wir sind keine Unmenschen, obwohl das die Leute in den Ländern, die von der Presse falsch informiert werden, immer glauben. Wenn Sie also nein sagen, haben wir Ihren ausgefüllten Fragebogen und wissen einiges über Sie. Das ist alles. Nach wie vor haben Sie keine Repressalien zu befürchten. Habe ich mich deutlich genug ausgedrückt?«
Cristina nickte, und dabei lächelte sie sogar. Vielleicht hatte sie sich falsche Vorstellungen gemacht. Der unsympathische Mann wirkte gar nicht mehr so unsympathisch.
Varös lächelte. »Ich weiß die Antwort«, sagte er auf deutsch und war richtig stolz darauf.

Cristina verstand überhaupt nicht, wie sie ein anderer Mensch werden sollte.
»Man kann doch nicht aus seiner Haut«, sagte sie zu Varös. »Ich bin ich. Ich werde müde und ich habe Hunger, und manchmal freue ich mich, wenn mich die Gäste zu einem Glas Tokajer einladen.«
»Auch als ›neuer‹ Mensch kannst du müde sein und Hunger haben, und Gäste werden dich weiterhin einladen, das heißt, sie werden *uns* einladen. Wahrscheinlich wirst du vergessen müssen, daß du in einem Hotel beschäftigt gewesen bist«, meinte Varös, der in den letzten Tagen damit begonnen hatte, sich vieles vorzustellen. »Wir werden in der Schweiz etwas anderes arbeiten, und außerdem wird noch einiges auf uns zukommen. Damit meine ich gewisse Vorteile.«
Varös sollte recht behalten. Aber vor den Annehmlichkeiten stand noch ein hartes Stück Arbeit.

Barkosc ließ sich eine ganze Woche Zeit. Während dieser sieben Tage redeten sie ununterbrochen, sie stellten Vermutungen an über das, was eintreffen könnte und was nicht, und sie überlegten, was Barkosc genau mit ihnen vorhatte.
Wieder tauchte er spät in der Nacht bei ihnen auf und schaute sie bloß an. Varös sagte: »Wir machen es. Für die Ziele der Partei gehen wir ins Ausland.«
Aus der Tasche seiner Jacke holte Barkosc zwei Blatt Papier. Darauf stand nur, daß Varös und Cristina wegen einer Tätigkeit für den Nachrichtendienst ins Ausland übersiedelten. Beide mußten unterschreiben. So wurden Cristina und Varös zu Agenten.
»Wie geht es denn jetzt weiter?« fragte Varös. Er hatte keine Angst. Ihm konnte es nur bessergehen. Und er genoß den Schutz einer mächtigen Organisation. Zwar hatte Barkosc das nie ausdrücklich erwähnt, aber niemand hätte andernfalls eine solche Aufgabe erfüllen können.
Barkosc teilte ihnen etwas über ihr zukünftiges Leben mit.
»Sie werden in der Schweiz arbeiten, und ich sagte Ihnen ja bereits, Sie werden vergessen müssen, daß Sie Ungarn sind. Sie werden nämlich Schweizer Bürger.«

Noch in dieser Nacht rief Barkosc den dicken Matus an.
»Es ist soweit«, sagte er. »Die Phase zwei kann eingeleitet werden.«
»Haben sie unterschrieben?«
»Deshalb rufe ich ja an.«
»Gut«, sagte Matus. »In einer Woche hast du, was du benötigst.«

Er legte auf und schrie: »Brenda!«
Sie hatte Überstunden machen müssen, und sie hatte überhaupt nichts dagegen.
»Was ist, Jan?« fragte sie, als sie aus ihrem Zimmer angelaufen kam. Ihre Stimme klang etwas atemlos. Sie ahnte, daß sie wieder etwas Wichtiges in die Hände bekommen würde.
»Ich diktiere dir jetzt ein Fernschreiben. Du jagst es heute noch hinaus. Die Brüder in Bern sollen ihren Hintern bewegen. Das tut ihnen gut.«
»Klar, Jan. Ich habe alles bei mir. Du kannst sofort beginnen.«
Und zum erstenmal erlebte Brenda eine herbe Enttäuschung. Matus diktierte: »29105 13478 17094« und viele andere Zahlen mehr.
»Was soll denn das?« fragte Brenda entgeistert und hörte mit dem Schreiben auf. »Das klingt ja, als müßten wir mit kleinen Kindern Zahlen üben.«
»Schreib, was ich dir gesagt habe«, murmelte Matus, aber in diesem Murmeln lag eine solche Drohung, daß Brenda empört den Atem anhielt.
Nach einer Weile sagte sie: »Wie du willst.«
Matus nickte. »Ja. Genau so, wie ich will. Und darum schreibst du jetzt die Zahlen auf, und die gleichen wirst du auch durch das Telex geben. Ich werde sie ganz genau kontrollieren.«
Für Brenda war auch in diesem Augenblick der Angriff die beste Verteidigung.
»So kannst du mir nicht kommen«, schrie sie und schlug mit der Faust auf den Tisch, was wiederum Matus überraschte. »Ich mache Überstunden und klage nicht, ich bin immer da, wenn du es willst, aber du beschwerst dich.«

Matus holte tief Luft. »Vergiß es«, meinte er besänftigend. Er verzichtete darauf, ihr den Arm zu tätscheln, weil er wußte, daß sie es nicht mochte. Vielleicht war er tatsächlich ein bißchen zu laut gewesen. Sie konnte ja nicht wissen, was auf dem Spiel stand.

Wenn er eine Ahnung gehabt hätte ...

Eine halbe Stunde später war alles vorbei. Matus hatte zu Ende diktiert, und Brenda hatte alles auf ein Lochband gestanzt. Sie setzte den Fernschreiber in Betrieb, und in der gleichen Sekunde ratterte in der ungarischen Botschaft in Bern ein veralteter Fernschreiber sein eintöniges Lied herunter und weckte einen Mann, der schon lange darauf gewartet hatte.

Als er die Zahlen sah, schüttelte er den Kopf. Auch das noch. Aber wenn es nicht anders ging ...

Der Mann trug einen Trainingsanzug mit der Aufschrift eines westdeutschen Herstellers. Diesen und vieles andere konnte er in Bern kaufen. Was ihm jetzt Kopfzerbrechen bereitete, war die Tatsache, daß er nun die Zahlen decodieren mußte. Morgen früh sollte der Auftrag ausgeführt werden.

Nachdem er die Meldung entschlüsselt hatte, schaute er nach, was er im Laufe der Zeit von dem, was verlangt wurde, schon beschafft hatte. Denn das Unternehmen, dem sie den Namen Feuervogel gegeben hatten, war in gewissen Kreisen schon lange angelaufen.

2

Die Sonne prallte auf den See, und das grelle Licht blendete die Augen. Ein zahmer Wind kräuselte das Wasser, und die kleinen Wellenkämme wirkten wie Spiegel, die das Licht in alle Richtungen jagen.
Bela Koss, ein kleiner Mann mit dunkler Brille, kam erst um achtzehn Uhr nach Hause. Er genoß das schöne Wetter in vollen Zügen. Der Juni in Zürich war in diesem Jahr schon wie der Hochsommer. Fast jeden Abend entluden sich Gewitter über der Stadt, und die gewaltigen Regenmengen führten hier und da zu einem überschwemmten Keller.
Seine helle Haut war trotz der intensiven Sonne nur wenig braun, was Bela Koss ärgerte. Aber im Laufe der Zeit hatte er sich damit abgefunden. Dagegen konnte ein Mensch nichts tun.
Koss hängte seine nasse Badehose und sein Frottiertuch fein säuberlich auf einen Wäscheständer, als die Klingel an der Wohnungstür schrill ertönte.
Er fluchte auf ungarisch, und erst nach einiger Zeit kam ihm in den Sinn, daß er das eigentlich nicht tun durfte. Nur gut, daß er allein war.
Er öffnete die Tür. Niemand stand da. »Ja?« schrie er das Treppenhaus hinunter.
»Post!« rief jemand hinauf. »Eilsendung! Sie müssen unterschreiben.«
»Ja, ja, ich komme!« Koss zog die Wohnungstür hinter sich zu und eilte die Treppe hinunter. Er nahm einen Umschlag in Empfang, der prall gefüllt war.

Während er wieder nach oben ging, schimpfte er auf schweizerdeutsch vor sich hin. Was sollte diese Sendung? Die Adresse stimmte, aber sosehr er auch den Umschlag drehte und wendete, er konnte keinen Absender entdecken.
»Was soll der Seich?« sagte er laut, als er wieder in seiner Wohnung angelangt war. Er riß den Umschlag auf und sah die Blätter, die herausfielen, und dann las er, was von ihm verlangt wurde, und zwar sofort.
Damit war klar, daß er der Sonne, dem Wasser und den jungen Frauen im Bikini fürs erste adieu sagen konnte.
Von der ungarischen Botschaft in Bern hatte sich jemand gemeldet. »Ein Telefonbuch, ein Stadtplan von Zürich, die Neue Zürcher Zeitung, der Tages-Anzeiger, das Tagblatt der Stadt Zürich, einen Führerschein, eine genaue Schilderung, wie man vorgehen mußte, wenn man heiraten wollte, einen Personalausweis, noch besser einen Schweizer Paß und ... sind die denn wahnsinnig?« murmelte Koss. »Ja, sie sind wahnsinnig. Wie soll ich denn das beschaffen?«
Er eilte zum Telefon und wählte eine Nummer. Eine Männerstimme, die so hell war, daß man sie für eine Frauenstimme halten konnte, sagte gelangweilt: »Ja?«
»Ich kann es nicht glauben«, schrie Koss. »Ich soll also einen Stadtplan, ein Telefonbuch ...«
»... Die Neue Zürcher Zeitung, den Tages-Anzeiger und so weiter kaufen«, fiel ihm der Mann ins Wort. »Du wirst nichts glauben, sondern du wirst es tun«, fuhr er fort. »Und zwar schnell.«
»Ich habe ...«
»Du hast gar nichts. Du bist auf uns angewiesen, du hast dich verpflichtet, für uns zu arbeiten, und du wirst es tun.

Wenn du es nicht tun willst, dann erfreue dich noch ganz schnell an den Ladys im Bikini, denn du wirst sie nicht mehr lange sehen.«
»Was sagen Sie da?«
»Im Himmel gibt es keine Frauen, die im Bikini herumlaufen«, schrie der Mann ins Telefon. »Du beschaffst mir jetzt sofort, was ich dir aufgetragen habe, oder du wirst von der Limmat irgendwo angeschwemmt, oder die Polizei findet dich in einer öffentlichen Telefonzelle und weiß nicht, wie sie diesen Mord aufklären soll.«
Nach einer kurzen Pause murmelte Bela Koss: »Gut, ich werde alles besorgen, und ich werde Ihnen alles zusenden.«
Der Mann in der ungarischen Botschaft legte den Hörer auf. Das war seine Antwort.

Er hatte einen Schnurrbart wie der ehemalige Formel-1-Fahrer Clay Regazzoni. Aber das war auch das einzige Merkmal, das der schlanke Mann, der Victor Roth hieß, mit dem einstmaligen Rennfahrer gemeinsam hatte.
Victor saß an diesem heißen Junitag ebenfalls am See, und auch ihn blendete das blitzende Licht auf dem Wasser. Aber er schaute nicht auf den See. Er beobachtete die Leute, die sich zahlreich an der Uferpromenade neben dem Bellevueplatz aufhielten.
Es herrschte ein ständiges Kommen und Gehen, und deshalb war Roth darauf bedacht, die Leute so gut wie möglich im Auge zu behalten. Irgend jemand hätte ihn erkennen können.
Roth führte ein Doppelleben, und bekanntlich war das eine nie ganz vom anderen auszuschließen. Diese mögli-

chen Berührungspunkte waren die größten Risikofaktoren. Gegen Unvorhergesehenes konnte man sich nicht schützen.
»Du bist so schweigsam«, sagte die Frau neben ihm. Sie lehnte sich an ihn, und durch die dünne Bluse konnte er ihren Körper spüren. Sie hatte langes dunkles Haar, ein ovales Gesicht und breite Lippen. Ihre Augen waren tiefschwarz.
»Gab's Probleme im Büro?«
Roth schüttelte den Kopf.
»Du sagst mir nie, ob dich etwas bedrückt. Meistens ist es besser, wenn man darüber redet.«
»Es gibt nichts, was mich bedrückt«, sagte Roth. Er zog sie enger an sich. »Ich möchte, daß du mich bedrückst, aber nicht hier«, wich er aus.
»Mach keine Sprüche«, sagte sie und richtete sich auf. Sie strich sich eine Haarsträhne aus dem Gesicht. »Manchmal werde ich nicht klug aus dir.« Plötzlich, wie ein Angriff, küßte sie ihn. »Ich liebe dich«, murmelte sie an seinen Lippen. »Für mich gibt es nur dich.«
»Für mich doch auch«, erwiderte er leise.
Wie immer, seit er die schwarzhaarige Ilona kannte, sagte er nur die halbe Wahrheit. Sie war eine schöne Frau, und die Liebe mit ihr war wunderbar. Aber an Victor Roth war eigentlich nur der Name wahr. Und daß er als Mensch neben ihr saß.
»Schau, Ilona«, sagte er und nahm ihr Gesicht in beide Hände. »Dräng nicht weiter. Ich habe dir gesagt, daß ich bei einer staatlichen Stelle beschäftigt bin, die keinen Wert darauf legt, in die Zeitungen zu gelangen. Mehr kann ich dir nicht sagen. Warum reicht dir das denn nicht?«

»Ich habe immer das Gefühl, du gehörst mir nicht ganz«, sagte sie.
»Ich gehöre meiner Arbeit, denn davon lebe ich«, sagte Roth. »Vielleicht mußt du dich damit abfinden, daß es auch bei uns gewisse Dinge gibt, die nicht an die große Glocke gehängt werden sollen.«
Er hatte ihr erzählt, daß er in einem Amt arbeite, das höchsten Wert auf Diskretion lege. Er war Schweizer. Er hatte hier alle Rechte. Aber er hatte ihr nicht gesagt, was er wirklich tat.
Die St.-Peters-Kirche schlug halb zwei. Das war so, als habe sich etwas zwischen sie gedrängt. Eines hatte Ilona in all den Jahren in der Schweiz gelernt: Erst kam die Arbeit, dann das Vergnügen.
»Ich muß gehen«, sagte sie.
»Ich warte auf dich«, sagte Roth. »Wenn du Feierabend hast, hole ich dich ab. Dann gehen wir zu mir, und dann zeige ich dir, daß es nur dich gibt auf der Welt.«
Ilona freute sich, es gab wirklich nichts Schöneres für sie, als mit Victor zusammenzusein. Aber noch schöner wäre es, wenn sie sehen könnte, welcher Mensch hinter Victor Roth steckte.

Ihre Eltern waren 1956, als die sowjetischen Truppen einmarschierten, um den Aufstand in Ungarn niederzuschlagen, geflohen. Ihr Vater, ein einflußreicher Mann beim Rundfunk, hatte sofort geahnt, daß dem Aufstand kein Erfolg beschieden sein konnte. Ihm war aber auch klargeworden, daß für ihn eine einmalige Chance gekommen war.
Als die Sowjets noch etwas mehr als fünfzig Kilometer vor Budapest standen, ging Sandor Malas aus dem Büro,

als wolle er sich schnell einen Kaffee holen, und ab diesem Zeitpunkt war er in Budapest nicht mehr gesehen worden.
Er und Martá, seine Frau, packten das Nötigste in zwei alte Koffer, schlossen die Wohnungstür so ab, als kämen sie am nächsten Tag wieder zurück, und verschwanden.
Sie wußten nicht, was es hieß, alles hinter sich zu lassen und ein neues Leben zu beginnen.
In der engeren Nachbarschaft hatten sich heimlich noch andere auf ein überraschendes Absetzen vorbereitet. Einem alten Mann gehörte ein altersschwacher Lastwagen. Der Mann wollte in Ungarn bleiben. Er konnte sich nicht vorstellen, irgendwo anders in einem fremden Land weiterzuleben.
Aber seine beiden Söhne konnten sich das gut vorstellen. Als sie den klapprigen Wagen vorfuhren, ging der alte Mann still ins Haus zurück. Er kam sich vor, als lege er sich zum Sterben nieder.
Der Wagen schaffte es ohne Mühe bis zur Grenze. Das letzte Stück gingen sie zu Fuß. »Willst du den Wagen stehenlassen?« fragte Sandor Malas einen der beiden Söhne.
»Besser, der Wagen fällt den Russen in die Hände, als ich«, sagte er und ging ohne noch einmal zurückzuschauen weiter.
Über Wien, Salzburg und München kamen sie nach Zürich. Erst fünfundzwanzig Jahre später erhielten Sandor Malas und seine Frau das Schweizer Bürgerrecht. Für Ilona Malas hatte es ein bißchen zu lange gedauert. Jetzt war sie zwar auch Schweizerin, aber viele Jahre hatte sie mit ihren Eltern fast ausschließlich dort verkehrt, wo sich die im Exil lebenden Ungarn trafen.

Sie kamen regelmäßig in bestimmten Restaurants zusammen. Keiner von ihnen hatte das Land, in dem sie aufgewachsen waren, vergessen.
Und doch gab es Unterschiede. Wenn man Ilona Malas gefragt hätte, was sie denn eigentlich sei, Ungarin oder Schweizerin, hätte sie wahrscheinlich keine Antwort gewußt. Sie war eine typische Vertreterin jener Menschen, die man Ausländer der zweiten Generation zu nennen pflegte.
Ilona hatte zwei Freundschaften gehabt, wovon einer der Jungen in der gleichen Situation war wie sie. Sie waren eigentlich mehr Schweizer als Ungarn, aber eben doch nicht ganz.
Der zweite Junge war ein Schweizer gewesen, der in Zürich aufgewachsen war und die heimischen Traditionen liebte, auch wenn sie ihm ein bißchen verstaubt vorkamen. Er fand sich nicht zurecht in der Welt jener Leute, die ihre östlichen Traditionen pflegten, die an etwas hingen, was sie ihre Heimat nannten.
Merkwürdigerweise gab es aber jemanden, der sich in ihrer Welt zurechtfand. Er war einunddreißig Jahre alt, kräftig gebaut, aber schlank, er hatte braunes, kurzgeschnittenes Haar und einen Schnurrbart.
Sein Name war Victor Roth.
Ilona sah ihn eines Tages, als er in dem Restaurant saß, in dem sie und andere Exilungarn Stammgäste waren. Er hatte einen Teller jenes Gulaschs vor sich, das sie in Ungarn Kesselgulasch nannten, und er trank dazu einen ungarischen Weißwein.
Sie hatte dem Mann zugeschaut, wie er mit sichtlichem Genuß das Gericht aß. Er hatte den Kopf gehoben, ihre Blicke hatten sich getroffen, und beide hatten gelächelt.
Was sie bewogen hatte, zu ihm hinüberzugehen, hätte sie

nach all dieser Zeit nicht mehr zu sagen vermocht. Vielleicht war es der Anblick gewesen, daß er so genießerisch eine Speise verzehrte, der sie sich vertraut fühlte, vielleicht war es auch irgend etwas anderes gewesen.
»Es schmeckt Ihnen, nicht wahr?« fragte sie.
»Und wie«, antwortete Victor Roth. Aber noch mehr schmeckte ihm, daß dieses Mädchen ihn angesprochen hatte. Er fühlte, daß er eine Menge Glück gehabt hatte an diesem Abend.
Er hatte soviel Glück, wie ein Mann in seiner Position eigentlich gar nicht verdiente. Die junge Ilona verliebte sich sofort in ihn.

Ilona hatte eine Lehre als Verkäuferin absolviert, und jetzt war sie in einem Warenhaus in der Bahnhofstraße in Zürich beschäftigt.
Sie hatte sich von Victor Roth verabschiedet, und sie arbeitete bereits seit zwei Stunden wieder an diesem Nachmittag, als eine Tupolev 154 der ungarischen Fluggesellschaft Malev in Zürich-Kloten landete. Sie war vollbesetzt mit Touristen. Die meisten waren Schweizer, einige Deutsche und zwei Belgier waren auch darunter.
Und Claudia, die Reiseleiterin, war dabei.
Bevor die nächsten Touristen, die nach Budapest fliegen wollten, in die Maschine drängten, hatte sie ein paar Minuten Zeit für sich. Manchmal zog sie sich dann zurück, setzte sich auf eine Bank in der Halle, wo sie niemand kannte, oder sie trank im Selbstbedienungsrestaurant eine Tasse Kaffee.
Sie wollte einfach ein paar Minuten allein sein, keine Fragen beantworten und vor allem nicht lächeln müssen.
Doch heute hatte sie etwas zu erledigen. Sie hoffte, daß

der Mann pünktlich sein würde, denn sie wollte im Duty-free-Shop noch einen Cognac und einen Whisky für Bekannte kaufen.
Kleine Geschenke erhielten die Freundschaft, das stimmte schon.
Das wußte auch der Mann, der jeweils Brendas Briefe in Empfang nahm. Sein Geschenk war, daß er pünktlich zur Stelle war. Er war auf sie angewiesen, also hatte er sich nach ihr zu richten.
Er rückte seine getönte Brille zurecht und umfaßte mit beiden Händen ihre Rechte und küßte die Fingerspitzen.
»Claudia, geht es gut?« fragte er devot.
»Ja, ja«, antwortete sie gleichgültig.
»Und mit dem Brief ging es auch gut?«
»Ja, ja«, sagte sie wieder.
Ihr gefiel der Mann nicht besonders, und sie hatte sich schon des öfteren gefragt, warum eine so attraktive Frau wie Brenda sich in diesen Typen verliebt hatte. Aber — vielleicht war die Liebe tatsächlich eine Himmelsmacht.
»Hier, der Brief«, sagte sie und überreichte ihm den Umschlag. »Mach's gut.«
»Du auch«, sagte der Mann. »Und vergiß nicht, wie dankbar ich dir bin, daß du das machst.«
»Schon gut.«
»Nein, damit ist es nicht getan.«
Er hielt ihr eine Plastiktüte hin. »Da, nimm das. Extra für dich.«
»Was ist das?«
»Schau nach.«
Die Tüte enthielt eine Flasche Cognac und eine Flasche Whisky, genau das, was sie im Duty-free-Shop kaufen wollte — und auch schon mehrmals gekauft hatte.

»Wie konntest du das wissen?« fragte sie überrascht.
»Ich bin dir dankbar, ich versuche nur, dir das auch zu zeigen«, antwortete er schlicht. Aber dahinter steckte mehr. Er war verpflichtet worden, ihre Gewohnheiten zu erkunden, mußte es aber so hinstellen, als sei das Ganze eine Überraschung.
»Ich weiß nicht, wie ich dir danken soll«, sagte Claudia verdutzt.
»Das ist ganz einfach«, meinte er. »Wenn du die Briefe von Brenda weiterhin nach Zürich bringst, ist das schon ein großer Dank.«
»Das ist kein Problem, das kann ich dir garantieren«, sagte Claudia überzeugt. Es war wirklich keine Angelegenheit, so daß sie jetzt fast ein schlechtes Gewissen hatte. Sie war nämlich so erzogen worden, daß nur wirkliche Leistung einen Dank rechtfertigte.
»Dann bis zum nächsten Mal«, sagte der Mann mit der getönten Brille, küßte ihr wiederum die Fingerspitzen und drehte sich um. Er ging zielstrebig auf einen Aufzug zu, der zum Parkhaus führte. Er stieg ein, die Türen schlossen sich, und er war verschwunden.

Für Cristina und Varös ging plötzlich alles sehr schnell. Barkosc erschien und sagte ihnen, daß sie sich innerhalb der nächsten zwei Wochen bereitzuhalten hätten.
»Jetzt schon?« fragte Varös verblüfft.
»Jetzt schon«, antwortete Barkosc mit steinernem Gesicht. »Die Aktion muß nun in die Wege geleitet werden. Was wir machen, ist nur der erste Schritt. Aber der ist notwendig, damit alle anderen folgen können.«
Das klang logisch, und trotzdem blieb es für Cristina und Varös unklar.

»Das Ausbildungszentrum befindet sich außerhalb von Budapest«, fuhr Barkosc fort. »In diesen zwei Wochen werden Sie alle Verbindungen lösen, die Sie hier hatten, Sie ziehen weg. Sie können sagen, daß Sie eine bessere Stelle in einem anderen Teil des Landes annehmen.«
»Und das wird man uns abnehmen?« fragte Cristina.
»Varös wird man das ohne weiteres glauben. Er hat seit langem keinen richtigen Auftrag mehr bekommen.«
Der Grafiker nickte. Jetzt sah er auch in diesem Punkt klar.
»Und mir?« fragte Cristina.
»Sie nehmen eine Stelle in einem anderen Hotel an. Das ist nichts Außergewöhnliches. Sie verabschieden sich von allen Kollegen.«
»Und das Arbeitsverhältnis im Hotel?«
»Das ist bereits geregelt«, antwortete Barkosc. »Daß Sie ein völlig neues Leben anfangen, das sagen Sie niemandem.«
Alle Brücken abbrechen, alle Verbindungen lösen — das klang viel einfacher, als es in Wirklichkeit war. Im Atelier von Varös standen unzählige Dinge herum, die er liebgewonnen hatte, auch wenn sie anderen vielleicht nutzlos erschienen.
Und die Beziehungen zu den Arbeitskollegen abbrechen? Cristina fand plötzlich den einen oder anderen sympathischer, als sie immer geglaubt hatte.
Sie hatte Freundinnen im Hotel, denen sie erklären mußte, daß sie eine neue Stelle annahm. Natürlich wurde sie mit Fragen bestürmt, und ausweichende Antworten zu geben war nicht leicht.
Es war die erste Bewährungsprobe. Auch in ihrem neuen Leben sollten Fragen auf sie zukommen, die sie nicht im-

mer wahrheitsgemäß beantworten konnten. Aber beide brachten es fertig, alle Verbindungen zu lösen, und Barkosc konnte sich ein Schmunzeln nicht verkneifen. Es ging also, wenn sie nur wollten.
Als Barkosc sie mit einem Auto abholte und sie wegfuhren, sah es gar nicht wie ein Bruch mit der Vergangenheit aus. Das kam später.

Keine Schwierigkeiten hatte Bela Koss. Er besorgte die gewünschten Tageszeitungen von Zürich und das Tagblatt, das alle amtlichen Mitteilungen enthielt. Der Kauf des Telefonbuches und des Stadtplans bereiteten ihm auch keine Probleme.
Bela Koss war ein Mann, der sich etwas anderes als Kommunismus überhaupt nicht vorstellen konnte. Zwar schaute er die Frauen im Bikini gern an, doch im Grunde verachtete er sie.
Zum Heiraten hätte Bela Koss nur eine Frau gewählt, die auch mit seiner politischen Linie übereinstimmte. Aber er hatte sich noch nie fest binden wollen, sondern immer nur eine Frau fürs Bett gebraucht.
Außerdem war es für ihn wie eine erotische Empfindung, so zu tun als ob. Nach außen hin pries er die sogenannte westliche Freiheit als das Größte, aber heimlich arbeitete er auf das Ziel hin, es einmal all diesen Leuten heimzahlen zu können.
Als er alles beisammen hatte — das war an einem Mittwoch —, stieg er in einen Intercity-Zug nach Bern. Dort wartete auch der Mann auf ihn, dessen Stimme so hell war, daß man sie für eine Frauenstimme halten konnte.
Bela Koss hatte das gewünschte Material nicht per Post geschickt. Das hätte auffallen können.

Im Restaurant des Hotels Bellevue in Bern aßen sie zu Mittag. Hier gab es viele Geschäftsleute und Politiker, die ihre Köfferchen neben die Stühle gestellt und die Akten auf den Tischen ausgebreitet hatten. Da konnten sie gar nicht auffallen.
Der Mann von der ungarischen Botschaft hatte sich auf Umwegen zu dem Restaurant begeben, um sicherzugehen, daß ihm niemand folgte.
Denn in den Zeiten von Perestroika und Glasnost war es wichtig zu wissen, wo man stand. Manch einer war vielleicht der Meinung, daß sie ins Abseits geraten seien, aber sie waren überzeugt, daß sie in der Offensive waren.
»Hier ist alles, was Sie verlangt haben«, sagte Koss und schob ihm das Material über den Tisch.
»Ist gut«, sagte der Mann leise, der anscheinend vermeiden wollte, daß man seine Stimme hörte. Es schien ihm selbst, als klinge sie homosexuell, obwohl er das absolut nicht war.
»Dann ist das schon alles?« fragte Koss.
»Das ist schon alles, aber vorher ißt du langsam und manierlich zu Ende. Danach gehst du ganz gesittet aus dem Lokal, und du überläßt mir, was ich mit diesen Sachen anfange, verstanden?« Das letzte Wort klang schneidend scharf.
Und es hatte seine Wirkung.
»Klar, Chef«, sagte Bela Koss und hob die Hände. Er gab sich demütig. Der Mann aus der Botschaft war in der Tat sein Chef.
»Es ist im wahrsten Sinne des Wortes eine Machtprobe«, fügte dieser noch hinzu. »Verlieren wir, brauchen wir nicht einmal mehr unser Testament zu machen«, meinte

er abschließend, und mit diesen erfreulichen Worten stand er auf und ließ Koss allein im Lokal zurück.

Der Mann mit der getönten Brille, der Claudia so dankbar die Fingerspitzen geküßt hatte, raufte sich die kurzen Haare.
Sie saßen in einer Tiefgarage mitten in der Stadt Zürich. Sie hatten es vermieden, in ein Restaurant zu gehen, obwohl das wahrscheinlich weniger auffallend gewesen wäre.
»Was soll das?« fragte einer mit einem wild wuchernden Bart, langen Haaren und kleinen, unruhigen Augen. Seine Blicke schwirrten in alle Richtungen, als verstünde er den Lauf der Welt nicht mehr.
»Zahlen«, stöhnte er wie unter Schmerzen. »Wie sollen wir da zurechtkommen?«
»Das ist ein Code, den können wir knacken«, meinte der Mann mit der dunklen Brille. »Das dauert zwar eine Weile, aber die Zeit haben wir noch.«
Der Bärtige stieß erleichtert die Luft aus. »Da ist noch weiteres Material. Es sind Fotokopien. Brenda hat großartig gearbeitet. Damit kommen wir schnell voran.«
Sie lasen die nicht codierten Blätter schweigend. Dazu mußten sie die Innenbeleuchtung des Autos einschalten, weil es im Parkhaus zu finster war.
»Es geht los«, stellte der Mann mit der Brille fest. Er sagte es in einem fast andächtigen Ton, denn er fühlte, daß diese Sache sein weiteres Leben bestimmen würde.
Der Bärtige lehnte den Kopf zurück und schloß die Augen. »Ich begreife nicht, daß sie das Unternehmen starten«, murmelte er durch seine von stachligen Haaren bedeckten Lippen. »Haben sie denn nichts gelernt?«

»Die ewig Gestrigen«, sagte der Mann mit der Brille. »Sie merken nicht, daß ihre Zeit vorbei ist.«
»Und sie erkennen nicht, daß sie viel Unheil anrichten können«, ergänzte der Bärtige.
»Wenn wir nicht wären«, entgegnete der Mann mit der dunklen Brille, aber es klang nicht überheblich oder siegesbewußt. Er sagte es in einem Ton, der erkennen ließ, daß jetzt eine schwierige Aufgabe auf sie zukam.
»Komm«, sagte der Bärtige, »fahren wir. Wir müssen wissen, wie die verschlüsselte Botschaft lautet.«

Bela Koss hieß nicht wirklich Koss. Aber der Deckname war notwendig. Von den Leuten, die maßgeblich am Unternehmen Feuervogel beteiligt waren, erhielt er seine Anweisungen, auch wenn diese offiziell niemals in Erscheinung traten.
Als die ungarische Regierung die Reiseformalitäten lockerte und die Ungarn — in Abstimmung mit den österreichischen Behörden — ohne Visum nach Österreich reisen konnten, hatte seine Stunde geschlagen.
Damals hieß er noch Kurt Jaga, war in Erfurt aufgewachsen, etwas später nach Leipzig übergesiedelt, hatte in einer Bank gearbeitet, die vor allem jene Geschäfte kontrollierte, welche die Druckindustrie mit dem Westen machte.
Und eines Tages hatte man ihn in dieser Bank nicht mehr benötigt. Denn er war der Mann, der sich für eine bestimmte Aufgabe eignete. Er sollte in einem Riesending, das in eingeweihten Kreisen bereits damals als Unternehmen Feuervogel bezeichnet wurde, eine wichtige Rolle spielen.
So flog er eines Tages vom Ostberliner Flughafen Schöne-

feld nach Budapest und nur zwei Tage später weiter nach Wien, mit einem ungarischen Paß, der auf den Namen Bela Koss lautete.
Bei einem Unternehmen, das Busreisen veranstaltete, kaufte er eine Fahrkarte nach München, und von dort aus fuhr er auf genau festgelegten Umwegen zur Schweizer Grenze.
Er lief über die sogenannte »Grüne Grenze«, meldete sich bei einem Polizeiposten, bat um Asyl und kam in eine Auffangstelle.
Er konnte eine Adresse von Ungarn angeben, die ebenfalls geflohen waren. So wurde er mit Papieren ausgestattet und nach Zürich geschickt, wo er von einem Mann in Empfang genommen wurde.
Kurt Jaga galt als ein im Exil lebender Ungar, obwohl er in Wirklichkeit Bürger der DDR war. Aber das wußte nur jener Mann, der ihn in Zürich erwartet hatte.
Kurt Jaga erhielt Papiere, ausgestellt auf den Namen Bela Koss, die ihn als Fachmann im Offsetdruck und im Vierfarben-Druckverfahren auswiesen. Schon nach kurzer Zeit bekam er eine Anstellung in einer angesehenen Druckerei.
Es verging nur wenig Zeit, bis er neue Freunde gefunden hatte. Er war ein Flüchtling, und er war den Leuten sympathisch. Man mußte ihm einfach helfen.

Er kam mit seinem neuen Leben wirklich gut zurecht. Das wurde ihm auch bestätigt. Nämlich von einem Mann, der in Zukunft sein Chef sein sollte, der in der ungarischen Botschaft in Bern saß und in dieser Angelegenheit das Sagen hatte.
Dieser Mann konnte sich erlauben, Bela Koss anzu-

schreien und ihm zu drohen. Er hatte ihn am Telefon daran erinnert, daß Koss sich verpflichtet habe und daß es ihm schlecht ergehen könne, falls er das vergesse.
Koss vergaß es nie, er erinnerte sich manchmal nur etwas spät daran, nämlich immer dann, wenn Frauen seinen Weg kreuzten.
Aber im großen und ganzen war er linientreu. Deshalb war er ausgewählt worden. Von Leuten, die er nicht kannte, die aber offensichtlich die gleichen Ziele hatten wie er.
Nur manchmal fragte er sich, was das für Leute waren, die ein Unternehmen von dieser spektakulären Größe in Bewegung setzten und auch noch glaubten, daß es Erfolg haben würde.

3

Sie waren eine verschworene Bande von Fanatikern, und sie hatten sich so zusammengefunden, wie sich alle finden, die von einer Idee überzeugt sind und daneben keine andere gelten lassen. Sie waren per Zufall aufeinandergestoßen, und sie waren der Meinung, daß eine Öffnung zum Westen hin nicht gut war.

Die aufrechten Parteikämpfer in Ungarn waren tief enttäuscht, als im Frühjahr 1988 der altgediente Janos Kadar, der bereits 1956 nach dem Aufstand in die Bresche gesprungen war und die Fahne der Kommunisten fest in den Händen hielt, von diesen Schwächlingen abgesetzt wurde.

Sie brachten Karel Grosz an die Macht, der die Ansicht vertrat, daß ohne die Öffnung zum Westen hin ein Überleben in Ungarn unmöglich sei.

Gewisse Leute in der DDR betrachteten diese Entwicklung mit Besorgnis, aber einer von ihnen hatte eine Idee. Die Volksrepublik Ungarn war das Land, das von den meisten Touristen aus dem Westen besucht wurde. Und diesen Umstand mußte man kaltschnäuzig ausnutzen.

Ein Treffen wurde kurzfristig vereinbart. Und alle waren irgendwie erleichtert. Sie kamen in Wien in einem kleinen Lokal nahe dem Stephansdom zusammen. Unter den zahlreichen Touristen fielen sie nicht auf, als sie die Köpfe zusammensteckten und sich bei einem Tafelspitz einig wurden.

Sie kamen überein, daß die DDR nicht geeignet war, um

von dort aus zu operieren. Denn dieses Land war streng konservativ, es machte den Touristen Schwierigkeiten, und die Fälle von Spionage gegen die Bundesrepublik sorgten immer wieder für negative Schlagzeilen.
Was also lag näher, als eine falsche Spur zu legen und die Gleichgesinnten eines Landes zu benutzen, das niemand in Betracht ziehen würde? Ungarn war zu Recht ein Land, dem man viele Sympathien entgegenbrachte. Und darum war es so geeignet.
Einer sagte bei der Unterredung: »Ich bin immer für einen Kopfsprung ins Schwimmbecken. Aber es sollte auch Wasser drin sein, wenn ihr mich versteht.«
Er wurde verstanden. Sie wollten ja keine Kamikaze sein. Sie wollten ihr Ziel verwirklichen. Wenn ihnen der Kopf abgeschlagen wurde, würde das ihrer Sache keinen Dienst erweisen.
»Keine Angst«, sagte ein Parteikämpfer aus der DDR. »Es ist Wasser drin. Und zwar genügend. Aber es ist kaltes Wasser. Du solltest jedoch nicht vergessen, daß andere für uns hineinspringen.«
»Aber wenn sie nicht schwimmen können, nutzt uns das nichts.«
»Keine Angst«, sagte der Mann aus der DDR wieder. »Sie werden schwimmen können. Wir werden die Anweisungen geben, ihr werdet für die Ausführung sorgen müssen.«
Anderthalb Jahre brauchten sie, bis sie überzeugt waren, jetzt losschlagen zu können. So wurde von Ungarn aus ein Unternehmen gestartet, das in Wirklichkeit von der DDR gelenkt wurde.
Es begann in einem kleinen Lokal in Wien, aber da war alles noch Theorie. In Wirklichkeit fing es damit an, daß ein

Grafiker namens Varös keine Aufträge mehr bekam und ein gewisser Barkosc auftauchte, der völlig überraschende Vorschläge machte.

Sie wurden an einen Ort gebracht, der weit außerhalb von Budapest lag. Jetzt hatten sie tatsächlich mit ihrem früheren Leben abgeschlossen, und selbst Cristina war erstaunt, wie leicht ihr das gefallen war. Möglicherweise lag es daran, daß sie das Ganze noch nicht so recht ernst nahm.
Sie befanden sich noch in Ungarn, und sie hatten noch ihre Freunde, wenn auch nur theoretisch. Sie konnten noch immer zu ihnen zurückgehen. Aber auch nur theoretisch.
In der Wohnung, in der sie sich befanden, gab es Radio und Fernsehen — aber kein Telefon. Die Ausbilder — es waren insgesamt sieben — sprachen nur deutsch mit ihnen. Sie hatten jeden Tag vier Stunden Unterricht, und schließlich dachten sie sogar deutsch.
»Die Schwierigkeit kommt erst«, sagte eines Tages ein kleiner Mann mit Stirnglatze und schmalem Mund. Er sagte es lächelnd, als freue er sich diebisch auf seine Aufgabe.
»Was Sie jetzt lernen werden, ist Schweizerdeutsch, und das hat mit dem Deutsch, das Sie im Duden finden, nicht viel gemeinsam.«
»Warum ausgerechnet die Schweiz?« fragte Varös.
»Das ist doch naheliegend«, antwortete der Mann. »Ihr Großvater wanderte vor etwas mehr als achtzig Jahren nach Ungarn aus. Genaugenommen sind Sie Schweizer, denn von Gesetzes wegen haben Sie . . .«
»Mein Großvater war nie und nimmer Schweizer«, sagte

Varös mit einer Stimme, die von weit her zu kommen schien. »Er war ...«

»Er war Schweizer, und Sie tun gut daran, das endlich zu kapieren«, befahl ein Mann mit Kommandostimme.

Sie hatten nicht bemerkt, daß er eingetreten war. Aber offensichtlich hatte er etwas zu sagen.

»Sie stammen aus einem Dorf mit dem Namen Mühletal«, sagte der Mann. »Es befindet sich im Kanton Aargau, und damit Sie sich das alles genau vorstellen können, zeige ich es Ihnen auf der Karte.«

Varös hatte begriffen. Er hatte deutsch zu denken, er hatte zu denken, sein Großvater sei Schweizer gewesen, und sonst hatte er an gar nichts zu denken. Er hatte seine Lebensgeschichte zu lernen, seine »Legende«, wie es in Kreisen der Spionageleute genannt wurde, und er wurde eine Person, die nie existiert hatte.

Der Mann mit der Kommandostimme, der seinen Namen nicht nannte, hatte eine gedrungene Gestalt und einen runden Kopf mit einer Igelfrisur.

Er entfaltete eine Schullandkarte, die den ganzen Kanton Aargau und einzelne Teile des Kantons Zürich darstellte. Er erklärte Flüsse, Hügelketten und Städte und erwähnte Eisenbahnlinien und Busverbindungen, zählte Industrieunternehmen und andere wichtige Einzelheiten auf, und er erklärte, wie das Schulsystem funktionierte und daß die Postleitzahl 4812 hieß.

Am nächsten Tag wurden sie mit der Aufgabe überrascht, alles schriftlich aufzuzählen, was der Mann ihnen am Tag zuvor beigebracht hatte.

Sie wußten nicht mehr viel, und Cristina hatte so gut wie gar nichts verstanden. Der Mann schrie und tobte nicht. Seine Stimme wurde sogar leise. Aber er schaute die bei-

den an, daß sie das Gefühl bekamen, Eiszapfen würden in ihre Kehlen getrieben.
Also begannen sie noch einmal von vorn, und sie wiederholten es so oft, bis sie sogar träumten, wer sie jetzt waren und woher sie stammten.
Und weder Cristina noch Varös war die Frage in den Sinn gekommen, woher der Mann mit der Igelfrisur die Karte hatte und warum er so genau wußte, wie die Flüsse und Hügelketten hießen, und warum er die Industrieunternehmen in Aarau, der Hauptstadt des Kantons, so gut kannte.
Sie hatten sich anderthalb Jahre damit beschäftigt, das alles herauszufinden. Hunderte von Personen waren mit ebenso vielen kleinen Einzelaufträgen befaßt gewesen, und keiner hatte von den anderen gewußt oder sie je gesehen.
Das war auch nicht nötig gewesen. Wichtig war nur, daß alles schön zusammenpaßte und daß man es verwenden konnte. Und dafür sorgte der Mann mit der Igelfrisur.

An einem bitterkalten Januartag des Jahres 1904 hatte sich Josef Walder mit ein paar Leuten seinesgleichen, die alle nichts mehr zu verlieren hatten, mit Fuhrwerken auf den Weg nach Aarau gemacht.
Walder war ein armes Knechtlein bei einem armen Bauern. Sie hatten mehr Arbeit als zu essen, und Geld kannte Walder nur dem Namen nach.
Mit Fuhrwerken kamen sie bis nach Zürich, und von dort aus benutzten sie alle möglichen Transportmittel, bis sie nach vier Tagen Wien erreichten.
Wer oder was diese Leute veranlaßt hatte, von Wien aus die Donau flußaufwärts bis nach Budapest zu fahren, war

zu dem Zeitpunkt, als sich der Mann mit der Igelfrisur mit ihnen befaßte, nicht mehr festzustellen. Er verschwendete auch keine Zeit darauf, etwas zu ergründen, was gar nicht so wichtig war.
Wichtig waren nur die Tatsachen.
Sie besagten, daß sich die Leute nicht in den weiten Ebenen von Österreich niedergelassen hatten, sondern in einer Gegend, in der sie die Sprache der Bewohner nicht verstanden und die landwirtschaftlichen Gepflogenheiten nicht kannten.
Für den Mann mit der Igelfrisur war nur wichtig, daß Dinge passiert waren, aus denen man etwas machen konnte. Dann sah alles normal aus und wurde leichter akzeptiert.

Es gab eine Maschinenfabrik in Budapest, die von einem Schweizer gegründet worden war, und es gab ein Weingut und ein Restaurant, die »Helvetia« hießen.
Cristina und Varös besuchten die Fabrik und das Restaurant, und der Zufall wollte es, daß gerade ein Reisebus mit Schweizer Touristen ankam. Jetzt hörten die beiden das im Original, was Schweizerdeutsch genannt wurde, und sie verstanden kein Wort.
Aber sie ahnten, was auf sie zukommen würde.
Varös wurde von jenem unerklärlichen Gefühl gepackt, das ihn schon einmal überkommen hatte, und wieder spürte er die Verwandtschaft mit James Bond.
Doch er fühlte noch etwas, und das war etwas ganz anderes. Es war die Wirklichkeit.
Anderthalb Jahre lang war ein kleines Heer von emsigen Zuträgern unterwegs gewesen, hatte Teil um Teil recherchiert und bewiesen, daß 1904 ein Josef Walder aus einem

Dorf mit dem Namen Mühletal im schweizerischen Kanton Aargau nach Ungarn ausgewandert war.
Heimlich und nur ganz kurz war Varös darüber erstaunt, was man alles über einen Menschen zusammentragen konnte, daß man einen Menschen erfinden konnte und daß man auch in dessen »Hülle« schlüpfen konnte.
So wurde aus dem ungarischen Staatsbürger Galant Varös der Schweizer Gregor Walder und aus Cristina die Schweizerin Christine Walder.
»Damit das alles nicht nur echt aussieht, sondern auch echt ist, werden Sie als nächstes heiraten«, sagte der Mann mit der Kommandostimme.

Die schmalen Boote, die auf der Limmat bis zum Zürichsee fuhren, machten anschließend eine kleine Rundfahrt im unteren Seebecken. Die Limmatschiffe waren in erster Linie eine Touristenattraktion, aber manchmal genossen auch Zürcher, die ihre Stadt aus einer anderen Perspektive sehen wollten, dieses Schauspiel.
In einem dieser Boote saßen zahlreiche Japaner, welche die Stadt Zürich im Schnellverfahren erleben wollten, einige Amerikaner, Engländer und Deutsche. Sie alle fotografierten und schnatterten durcheinander, und das war zwei Männern, die ganz hinten im Boot saßen, gerade recht.
Der eine war hager, hatte dunkle Augen und seine Haut spannte sich über den Backenknochen, so daß sein Gesicht fast an einen Totenkopf erinnerte. Der Haaransatz war weit vorn an den Schläfen, aber auf dem Kopf waren ihm die Haare bereits ausgefallen. Bis zur Schädelmitte war er kahl, so daß er aussah, als habe er eine Frisur in Form eines großen U.

»Gibt's Neuigkeiten?« fragte der Mann, dessen Name ebenfalls mit einem U begann. Und deshalb wurde er in den entsprechenden Kreisen auch U genannt.
Victor Roth schüttelte den Kopf. »Keine Aktivität, keine Nervosität, einfach nichts, was auf eine Veränderung hindeuten würde.«
U hüstelte leicht.
»Manchmal frage ich mich«, meinte Roth, »ob ich nicht am falschen Ort eingesetzt wurde.«
»Das weiß man nie«, entgegnete U und lächelte einer Japanerin zu, die offensichtlich mehr Gefallen an ihm gefunden hatte als an dem Blick auf die Stadt.
Roth zog die Augenbrauen hoch.
»Man weiß erst dann, wenn etwas passiert, was man hätte verhindern können oder wo man zumindest von Anfang an hätte dabeisein können, wenn man einen Mann in der Nähe gehabt hätte.«
Roth zündete sich eine Zigarette an. »Kannst du es auch einfacher sagen?«
U nickte freundlich. »Wir wollen hundertprozentig sicher sein, und darum wirst du eingesetzt, auch wenn bis zu deiner Pensionierung nichts passiert.«
Als sie unter der Quaibrücke hindurchfuhren und den offenen See erreichten, fragte U: »Was paßt dir denn nicht? Du hast dich doch freiwillig für diese Tätigkeit entschieden.«
»Ja, ja«, murmelte Roth. »Es ist einfach so, daß ich mir hin und wieder unnütz vorkomme.«
»Die Erklärung habe ich dir bereits gegeben«, sagte U, und damit war das Thema fürs erste erledigt, auch wenn keiner von beiden damit zufrieden war.

Victor Roth war ein V-Mann. Die meisten Schweizer waren der Meinung, so etwas käme nur in Romanen vor oder, wenn überhaupt in der Realität, höchstens noch im Ausland.
Sie täuschten sich. Es gab sie, und es hatte auch einen Fall gegeben, wo einer dieser V-Männer enttarnt worden war. Ein Sturm war durch die Presse gegangen, aber nach einer gewissen Zeit war alles wieder vergessen.
Meistens wurden diese Leute in der Drogenszene eingesetzt. Sie mußten ihre Identität fast gänzlich aufgeben. Nach außen hin waren sie schmutzige, nachlässig gekleidete Drogenabhängige, obwohl sie in Wirklichkeit Polizeibeamte mit allen ihren Rechten und Pflichten waren.
Die V-Männer hatten sogar einen besonderen Status, nur durfte es eben niemand erfahren.
V-Männer hatten die Polizeischule absolviert und zusätzlich eine Spezialausbildung erhalten. Sie durften keine Freundin und schon gar keine Ehefrau haben. Sie bekamen ihr Gehalt auf ihr Konto überwiesen wie jeder andere Polizeibeamte, aber so gut wie niemand wußte von ihrer Existenz.
Und das war die Schwierigkeit für jemanden, der in Zürich aufgewachsen war, hier zur Schule gegangen war, eine Lehre gemacht und die Polizeischule besucht hatte. Es war nahezu unmöglich, unterzutauchen und einfach nicht vorhanden zu sein.
Da waren Schulfreunde, Bekannte und die Kollegen von der Polizei, die sich plötzlich fragten, wo ist denn Victor Roth geblieben?
Die Gefahr, irgendwann einmal erkannt zu werden, war riesengroß und konnte jederzeit eintreten.
Darum stimmte es nicht, wenn er zu Ilona sagte, es gebe

nichts, was ihn bedrücke, weil er nämlich damit rechnete, daß er eines Tages jemandem über den Weg laufen würde, der ihn kannte.
Aber es war richtig, wenn er sagte, er gehöre seiner Arbeit, weil er davon lebe, und er sei bei einem Amt beschäftigt.
Dennoch war es nur die halbe Wahrheit. Das Amt, für das Victor Roth arbeitete, gab es offiziell gar nicht, und der Mann, der U genannt wurde, hatte keinen Schreibtisch im Polizeipräsidium.
Was Victor Roth machte, war nichts Neues. Während des Prager Frühlings im Jahre 1968 waren nicht nur Regimegegner geflüchtet. Es waren auch Leute dabeigewesen, die von der Regierung beauftragt worden waren. Sie meldeten nach Prag, wie sich die Flüchtlinge verhielten und wer sie waren.
Und das gleiche war 1956 bei den Ungarn geschehen. Und so war es heutzutage mit den Türken und Jugoslawen. Sie wurden bespitzelt, und die Meldungen gingen an die Regierungen ihrer Heimat. Wer allzu offen gegen das türkische oder jugoslawische Regime auftrat, hatte es in der Schweiz nicht leicht.
Es waren Morde vorgekommen, die in den Zeitungen als »Morde in Türkenkreisen« betitelt wurden, die nur vage kommentiert wurden, weil man nichts Genaues wußte, die aber eindeutig politischen Charakter hatten. Eifersucht war in den seltensten Fällen das Motiv gewesen.
Aber diese Flüchtlinge wurden nicht nur von ihren eigenen Landsleuten unterwandert. Die in der Schweiz wollten ebenfalls wissen, was die Leute im Sinn hatten. Und deshalb schlichen sich sogenannte V-Männer in diese Kreise ein.

Victor Roth hatte damals das Lokal, in dem mehrheitlich Ungarn verkehrten, mit voller Absicht betreten, aber er hatte so getan, als sei es rein zufällig geschehen, als habe er nur ein originales Kesselgulasch essen wollen.

Daß Ilona ihn dann angesprochen hatte, war ein Glücksfall gewesen, mit dem er keinesfalls gerechnet hatte.
Unrecht Gut begann plötzlich zu gedeihen.
Aber Ilona hatte Pech gehabt. Ihre offene Bereitschaft wurde ausgenutzt.
In der Fischstube, einem Lokal am Ufer des Zürichsees, das rustikal eingerichtet und dessen Dach mit Stroh gedeckt war, nahmen sie gemütlich eine Mahlzeit zu sich, die auf das Spesenkonto von U ging.
Anschließend gingen sie zu Fuß über den Utoquai zurück, und als sie beim Bellevue ankamen, geschah etwas Entscheidendes, auch wenn die beiden nichts davon bemerkten.
Bela Koss, der früher einmal Kurt Jaga geheißen hatte, saß auf einer Bank in der Nähe des Bellevues und aß ein Schinkensandwich. Plötzlich blieb ihm fast ein Bissen im Hals stecken.
Diesen Bruder habe ich doch schon mal gesehen, fuhr es ihm durch den Kopf, aber es wollte ihm absolut nicht einfallen, woher er Roth kannte. Doch er machte sich Gedanken, und das war der Anfang vom Ende.
Das frische Schinkensandwich schmeckte Bela Koss auf einmal nicht mehr. Er spürte, daß sich hier etwas anbahnte, aber er wußte nicht, was.

In einem kleinen Städtchen weit weg von Budapest wurden Cristina und Galant Varös getraut. Vier Touristen aus

der Bundesrepublik Deutschland, die mit dem Auto unterwegs waren und gerade das Stadthaus besuchten, wurden Zeugen der Trauung.
Selbstverständlich kam ihnen das überhaupt nicht sonderbar vor, im Gegenteil, sie dachten, daß sie ein unwahrscheinliches Glück gehabt hatten, genau in diesem Augenblick hier einzutreffen, und sie sprachen noch darüber, als sie eine halbe Stunde später bei einer Flasche Tokajer saßen.
Aber sie dachten nicht mehr daran, als sie nach zwei Monaten wieder zu Hause waren.
Im Auto, das der Mann mit der Kommandostimme fuhr, hatten Varös und Cristina ein merkwürdiges Gefühl. Sie waren jetzt Eheleute, obwohl es gar nicht ihr Wunsch gewesen war. Doch es blieb ihnen nicht viel Zeit, länger darüber nachzudenken.
»Sie werden jetzt mit einigen Dingen vertraut gemacht, die Sie später brauchen werden«, sagte ein kleiner, dicklicher Mann, den sie vorher noch nie gesehen hatten. »Es geht um die sogenannten toten Briefkästen, wie man sie im Westen bezeichnet. Bei uns heißen sie Ablageplätze, aber wir werden sie tote Briefkästen nennen, damit Sie sich an diesen Ausdruck gewöhnen.«
Zu einem toten Briefkasten, lernten sie weiter, gehörte eine Signalstelle. Das konnten verschiedenfarbige Reißnägel sein, die irgendwo eingesteckt wurden und durch ihre Farben bekanntgaben, ob eine Mitteilung vorhanden war oder nicht oder ob Gefahr drohte. Aber auch Zeichen in Telefonbüchern in bestimmten öffentlichen Telefonzellen wurden als Hinweise benutzt. Und es gab noch vieles anderes mehr, was man zu diesem Zweck verwenden konnte.

»Wichtig ist«, sagte der Dicke, »daß der tote Briefkasten sich an einem Ort befindet, wo man ihn bedienen kann, ohne dabei beobachtet zu werden. Also keine einsamen Wege, das fällt zu sehr auf.«
»Am besten«, so fuhr er in seinen Ausführungen fort, »sind Durchgangswege, damit man nicht zurückgehen muß.«
»Brauchen wir denn das?« fragte Cristina. Für sie war alles ziemlich umständlich.
»Wahrscheinlich nicht«, antwortete der kleine Mann mit dem bemerkenswerten Bauch. Vermutlich hatte er nie einen toten Briefkasten bedient, aber er wußte, wie man es machte. Und das war wichtig.
»Aber es könnte sein, daß Sie es einmal brauchen«, fuhr er fort. »Und genau dann ist es notwendig, daß man es kann.«

Er erklärte ihnen auch, was man unter einer Treff-Abwicklung verstand. Auch da war es möglich, daß sie es nie in der Praxis anwenden mußten, aber dennoch sollten sie Bescheid wissen.
»Wenn Sie ein Treffen vereinbaren«, dozierte der kleine dicke Mann, »dann ist es wichtig, daß Sie zuerst einen Sichtkontakt mit der betreffenden Person verabreden. Sie nehmen eine Telefonzelle, einen Briefkasten oder irgendeinen markanten Punkt, um die Person auszumachen, mit der Sie ein Treffen wünschen.
Wenn Sie die Kontaktperson gesichtet haben, treffen Sie sich nach einer bestimmten Zeitspanne an einem anderen Ort. Diese Spanne nutzen Sie, um einen eventuellen Beobachter zu entdecken, indem Sie zum Beispiel durch eine unbelebte Straße gehen. Ist die betreffende Person

ständig zu sehen, dann ist etwas faul. Sie brechen das Treffen ab und gehen weg.
Die Begegnung muß in stark belebten Straßen stattfinden. Der Grund dafür ist immer der gleiche. Es fällt am wenigsten auf.
Es gibt unzählige Möglichkeiten, ein Treffen zu vereinbaren und durchzuführen. Tragen Sie eine Zeitung in der rechten Hand, findet es vor dem Zeitungskiosk im Hauptbahnhof statt. Tragen Sie eine Zeitung in der linken Hand, findet das Treffen aus welchen Gründen auch immer nicht statt.
Als Ort eignet sich ein Warenhaus oder ein internationales Hotel besonders gut. Da fällt man nie auf.
Ob das direkte Treffen stattfinden kann oder nicht, wird auf verschiedene Weise signalisiert. Eine Sonnenbrille in der Hand bedeutet Gefahr, eine Mütze bedeutet okay. Den Möglichkeiten sind keine Grenzen gesetzt, es kommt nur darauf an, was Sie mit der Kontaktperson vereinbart haben.
Versuchen Sie nie, einen Verfolger abzuschütteln, denn dadurch machen Sie sich erst recht verdächtig.«
Sie lernten noch viel in diesen theoretischen Stunden. Und anschließend übten sie es in der Stadt. Vieles ging daneben, aber sie trainierten so lange, bis sie alles beherrschten. Und eines Tages hatte auch Cristina, die jetzt wohl besser Christine genannt wurde, an diesem merkwürdigen Spiel Gefallen gefunden und machte vorbehaltlos mit.
»Es ist auch möglich, daß Sie eines Tages Kontaktpapier verwenden müssen.« Das wiederum sagte ein Mann, der zwei Meter groß war, einen Vollbart hatte und eine schmale Brille wie zur Tarnung trug.
Varös fühlte sich zu diesem Zeitpunkt tatsächlich wie in

einem neuen Leben. Cristina machte mit, als habe sie in ihrem Beruf eine neue Aufgabe erhalten.
»Das Kontaktpapier ist chemisch präpariert, es unterscheidet sich äußerlich nicht von handelsüblichem Papier. Es wird verwendet, wenn Sie in einem Brief mit alltäglichem Inhalt etwas Besonderes mitteilen wollen. Dieses spezielle Kontaktpapier wird zwischen zwei Blatt Papier gelegt. Der zu übermittelnde Text wird mit einem gewöhnlichen Schreibgerät auf das obere Blatt geschrieben und durch das Kontaktpapier auf das untere Blatt unsichtbar übertragen. Das Kontaktpapier kann mehrmals verwendet werden und weist keinerlei sichtbare Schriftspuren auf. Das untere Blatt mit dem unsichtbaren Text wird dann auf der Rückseite mit einer unverfänglichen Mitteilung beschrieben. Der Empfänger macht dann den mittels Kontaktpapier geschriebenen Text mit einer chemischen Substanz sichtbar.«
»Das Kontaktpapier«, der Mann legte ein Blatt vor die beiden hin, »sieht aus wie Seidenpapier. Es liegt also nahe, daß man auch etwas damit einwickeln kann, Blumen oder Brot zum Beispiel, und das sieht dann überhaupt nicht geheimnisvoll aus.«
Varös und Cristina übten auch das so lange, bis sie es beinahe im Schlaf konnten.
»Das nächste Mal«, sagte der Mann, »wird Ihnen gezeigt, wie man eine Mitteilung weitergibt, was man unter Container versteht und welche Gegenstände sich dafür eignen. Sie«, er deutete mit dem dicken Zeigefinger auf Varös, »werden in erster Linie üben, was alles man in präparierten Filzstiften oder anderen Zeichengeräten verstecken kann. Und Sie werden sich noch wundern, wofür ein Tennisschläger gut ist.«

»Ich brauche ein Racket nur dazu, um damit Tennis zu spielen«, sagte Varös. »Ich kann nicht glauben ...«
»Sie werden Ihren Glauben ändern müssen«, sagte der Mann milde lächelnd. »Sie werden Ihren Tennisschläger für vieles verwenden können, und das Tennisspielen ist nur ein kleiner Teil. Ich erkläre Ihnen jetzt, wozu Sie Ihren Schläger benutzen können.«

Das Telefon klingelte viermal, und als er sich meldete, hatte Barkosc fast ein schlechtes Gewissen. Es kam ihm vor, als sei er bei einem privaten Vergnügen erwischt worden, was in gewisser Weise auch zutraf.
»Ja?« sagte er.
»Ich nehme an, alles läuft nach Plan«, sagte der dicke Matus, und zwar in einem Ton, der erkennen ließ, daß er Komplikationen von vornherein ausschloß.
»Es läuft alles nach Plan«, bestätigte Barkosc.
»Das möchte ich etwas genauer wissen«, verlangte Matus. »Wie ist der gegenwärtige Stand?«
»Das Ausbildungsprogramm sieht vor, daß wir die ersten vier Punkte behandelt haben, und genau das haben wir. Und es ist außerdem ...«
»Wie machen sich die Kandidaten?«
»Manchmal gibt's Schwierigkeiten, was verständlich ist, dann wiederholen wir die problematischen Punkte, bis alles klar ist«, sagte Barkosc.
»Du bürgst dafür, daß alles klappt«, schloß Matus das Gespräch, und das war eine Bestätigung, aber auch eine versteckte Drohung.
Barkosc kannte die Mentalität des Dicken. Jetzt war Barkosc zu sehr in das Ganze verwickelt, als daß man ihn so einfach hätte fallenlassen können.

Und das gleiche galt auch für Varös und Cristina. Man konnte sie jetzt nicht mehr aus diesem Unternehmen herausnehmen. Man hätte sie umbringen müssen, um sie mit Sicherheit zum Schweigen zu bringen, und das war doch etwas, wovor man zurückschreckte. Tote gab es hauptsächlich in Filmen und Büchern.
»Ich glaube, daß wir in die zweite Phase des Unternehmens eintreten können, wie wir es vorgesehen haben.«
Matus nickte und legte auf.
Brenda machte die Tür so leise und vorsichtig zu, als müsse sie eine delikate Handlung zu Ende führen. Sie nahm ihre Jacke aus dem Garderobenschrank und einen Notizblock von ihrem Schreibtisch. Auf Zehenspitzen schlich sie den Korridor bis zum Treppenhaus entlang, lief hinunter und atmete auf, als sie endlich auf der Straße stand.
Sie saß in der Straßenbahn und schrieb alles auf, was sie gehört hatte, und sie mußte zweimal umsteigen, bis sie das Hotel Buda Penta erreicht hatte. Dort bekam sie einen Umschlag, in den sie den Zettel hineinsteckte, als ein Touristenbus vorfuhr. Erst als sie Claudia aus dem Bus aussteigen sah, wußte sie, daß sie es wieder einmal geschafft hatte.
Wie oft noch?
Brenda kämpfte sich durch die Touristen, als schwimme sie auf einen Rettungsanker zu.
»Claudia«, stieß Brenda hervor, und im ersten Augenblick runzelte die Reiseleiterin unwillig die Stirn. Es gab einen bösen Spruch, der öfter mal bei den Reiseleitern die Runde machte.
»Wißt ihr, wann Gott die sechzigjährigen Touristinnen erschaffen hat?« fragte einer.

Alle schüttelten den Kopf.
»Am Mittwoch.«
»Warum ausgerechnet an einem Mittwoch?«
»Am Montag und am Dienstag erschuf er die Hühner, am Mittwoch gingen ihm die Federn aus.«
Ganz so schlimm war es bei Claudia im Augenblick nicht, aber sie hatte auch schon bessere Tage gehabt. Sie war müde und hatte einen vollen langen Tag mit den Touristen hinter sich, was ihre Stimmung auch nicht gerade hob.
Brenda war zwar nicht sechzig, aber Claudia hätte nichts dagegen gehabt, wenn sie nicht erschienen wäre. Brenda küßte sie, und diese impulsive Geste versöhnte Claudia.
Brenda hielt ihr wortlos einen Umschlag hin.

4

Victor Roth ahnte nicht, daß einem Mann namens Bela Koss das frische Schinkensandwich nicht mehr schmeckte. Und er ahnte auch nicht, daß dieser Bela Koss sich Gedanken machte, wo er Roth schon einmal gesehen hatte.

Er verabschiedete sich von dem Mann, den sie U nannten und der sein Vorgesetzter war. Er fand alles in bester Ordnung und dachte nur an Ilona.

»Die neunundzwanzig bedeutet nichts«, sagte der Mann mit dem wild wuchernden Bart und den kleinen Augen. »Die ersten vier Zahlen ebenfalls nicht, und auch der ganze Fünferblock ergibt keinen Sinn.«

»Ich habe etwas gefunden«, sagte der Mann mit der getönten Brille, die jetzt neben ihm auf dem Tisch lag. Er kniff die Augen zusammen, als er den Bärtigen anschaute.

Er hieß Karel Barth, und sein Name machte nicht deutlich, woher er stammte, auch wenn der Vorname eine Vermutung zuließ.

Im Alter von zweieinhalb Jahren war er nach Zürich gekommen, und von Anfang wurde sein Denken einerseits von der Schweiz und andererseits von seinen Landsleuten geprägt. Und die waren sich völlig einig, daß der Kommunismus überholt war und die Menschenrechte mit Füßen trat.

Eine solche Staatsform durfte nicht überleben.

Für sie alle gab es nichts anderes, als im verborgenen zu

kämpfen. Eines Tages würden sie ein Faktor sein, mit dem man rechnen mußte.
Vorläufig befaßten sie sich noch mit Zahlen, aber sie hatten die Gewißheit, daß ein Unternehmen gestartet wurde, das die Altkommunisten, die ewig Gestrigen, weiter an der Macht halten sollte.
Der Bärtige studierte Mathematik, und er dozierte: »Jeder Text, der durch Zahlen verschlüsselt wird, funktioniert nach einem bestimmten System. Man kann sogar das System innerhalb des Systems ändern, aber plötzlich wird es zu kompliziert, und das Ganze verkehrt sich in sein Gegenteil.«
»Was möchtest du sagen?« fragte Barth sanft. Er lehnte sich zurück, setzte die Brille auf und schaute seinen Kollegen geduldig an.
Sie saßen in einem kleinen Zimmer in der Nähe der Hochschulen, denn für das Knacken des Codes war die Finsternis und das Hin und Her des Parkhauses nicht der geeignete Ort. Ein paar Straßen weiter ratterte die Tram vorbei und manchmal auch ein Streifenwagen. Aber unter ihrem Fenster war es ruhig.
»Ein Agent auf Außenposten«, fuhr der Mann mit den langen Haaren fort, »muß über ein Codesystem verfügen, das einfach, aber wirkungsvoll ist. Er hat keine Zeit, sich mit komplizierten Codes auseinanderzusetzen. Das können nur die Leute in den Botschaften.«
Karel nickte. »Gut«, meinte er, »dann können wir also mit einem System rechnen, das nicht allzu schwer zu knacken ist. Wollen wir uns wieder damit beschäftigen?«
Der Bärtige kicherte fast lautlos. Er war nicht nur ein mathematisches Genie, er hatte auch Erfahrungen beim Geheimdienst gesammelt. So war es ihm ein leichtes gewe-

sen, sich im richtigen Moment mit den richtigen Ausweisen abzusetzen. Und er war Spezialist im Entschlüsseln von Codes.
»Ich habe mich damit beschäftigt«, meinte er. »Die Zwei ist ein I, die Einundneunzig ein Pluszeichen, die Null ein A und die Fünf ein S.«
»Wie bist du darauf gekommen?« fragte Barth.
»Das ist nicht wichtig.«
»Was ist denn wichtig?«
»Wichtig ist, was es im Klartext heißt.«
»Und was heißt es?«
»Nichts Gutes.«

Die Regentropfen sausten fast waagrecht durch die Luft, aber sie hatten das Fenster so stellen können, daß es offenblieb und trotzdem kein Regen hereinkam. Im Zimmer war es warm, und es roch nach Liebe.
Cristina lehnte sich an Varös, und ihre Brüste lagen schwer auf seiner Haut. Es war ein Gefühl, das seinen Körper elektrisierte, und ihr linkes Bein, das auf seinem Bauch lag, übte einen Druck aus, der ihm beinahe den Atem nahm und ihn vergessen ließ, was heute geschehen war. Cristina hatte es nicht vergessen.
»Jetzt sind wir also verheiratet«, sagte sie leise und mit unstetem Blick.
Sie nahm ihr Bein von seinem Bauch, und sie legte sich so neben ihn hin, daß sie ihn nicht mehr berührte. Nach kaum einer Minute stand sie auf und holte sich eine Zigarette. Varös betrachtete sie, noch voll von Verlangen nach ihr.
Er betrachtete ihren Rücken und die schöne Form ihres Gesäßes, ihre langen Schenkel und ihre schmalen Wa-

den, und als sie sich umdrehte, sah er nur auf ihre Brüste, wollte gar nichts anderes sehen, als ahne er bereits, daß ihr Mund mit den vollen Lippen nicht nur küssen, sondern auch unangenehme Fragen stellen konnte.

Sie setzte sich auf einen Stuhl, zog den Rauch tief ein, bot sich seinen Blicken dar, aber nicht seinen Händen.

»Weißt du genau, auf was wir uns einlassen?« fragte sie durch den Rauch ihrer Zigarette.

Varös verschränkte die Arme hinter seinem Kopf. Er wußte es nicht genau, er hatte es ja noch nie gemacht. Aber er war überzeugt, das Richtige zu tun.

»Ja«, sagte er. »Ich weiß es.« Er wußte es nicht, er wußte nur, daß er es nicht zugeben durfte. Aber das Ganze hatte ihn auf eine Art und Weise gepackt, was er mit Worten nicht erklären konnte.

Nach ein paar Minuten streckte er die Hand aus. »Komm«, sagte er. Ihm war nicht nach einem ernsten Gespräch, aber sie hatte keine Lust auf Liebe.

Sie kam nicht.

Cristina hatte das Gefühl, einen Schritt zu weit gegangen zu sein. Ihr behagte das Ganze nicht. Sie konnte sich unter toten Briefkästen noch immer nichts vorstellen. Tot war tot, was sollte also ein Briefkasten, der so bezeichnet wurde.

Wenn Varös nicht gewesen wäre, sie hätte sich aus dem Staube gemacht.

Der Regen pochte an das Glas, als trommle er eine vertrauliche Botschaft. Und Cristina kam es vor, als sei es ein Trauermarsch. Sie konnte sich nicht vorstellen, wie sie es jemals lernen sollte, eine Botschaft in einer Schrift zu übermitteln, die nur sie und jemand anders kannte.

»Sie werden nun einen Code lernen«, sagte eine Frau, die sie bisher noch nicht zu Gesicht bekommen hatten. Sie war sehr dünn. Varös betrachtete ihre Schenkel, ihr Gesäß und ihren Busen, und er war froh, daß Cristina da etwas anders aussah.
»Das heißt, Sie werden nicht nur einen Code lernen«, fuhr die magere Frau mit den kurzgeschnittenen Haaren fort. »Es gibt unzählige Möglichkeiten, eine Schrift zu verschlüsseln, aber damit sie auch effizient ist, wie man im Westen sagt, muß sie so ausgeklügelt und gleichzeitig so einfach wie möglich sein.«
Sie ließ sich in einem endlos langen Referat darüber aus, was das hieß, eine Schrift zu codieren und wieder zu decodieren, und Cristina, die beinahe einschlief, zündete sich eine Zigarette an und sagte: »Erklären Sie doch einfach, welchen Code wir benutzen, wir werden ihn auswendig lernen, und damit hat es sich.«
Ja, tatsächlich, damit hatte es sich. Sie brauchten gar nicht zu wissen, wie viele Möglichkeiten es gab, sie brauchten nur zu wissen, mit welchem Code sie zu arbeiten hatten.
»Sie werden jetzt lernen, wie man einen Code erstellt und wie man ihn übermittelt«, sagte die kleine magere Frau. Sie schüttelte ihr kurzgeschnittenes Haar, und sie schien mit dieser Bewegung auch loszuwerden, was für das Unternehmen nicht wichtig war.
»Der Schlüssel, den Sie verwenden werden, gehört zu den einfacheren. Schreiben Sie bitte auf. Wir werden es nachher bis zur Bewußtlosigkeit üben.«
»Du meine Güte«, murmelte Cristina, aber das entlockte der Mageren nur ein Lächeln.
»Im Ernstfall werden Sie dankbar sein, daß Sie es wie im

Schlaf können. Also schreiben Sie auf. Das A ist eine Null, das E eine Eins, das I eine Zwei, das N eine Drei . . .« und so ging es weiter, bis sie es in- und auswendig konnten.
Und die Tatsache, etwas zu beherrschen, was sonst niemand kannte, machte sie selbstsicher und stark, und plötzlich konnte auch Cristina kaum erwarten, bis es losging.

Bela Koss alias Kurt Jaga ging nicht aus dem Kopf, wo er diesen Victor Roth schon einmal gesehen hatte. Der Mann war eine Gefahr, auch wenn er es nicht begründen konnte.
An jedem Tag, der es einigermaßen zuließ, hielt sich Koss in einem Freibad auf. Seine Augen ruhten noch immer auf den jungen Frauen im Bikini, aber seine Gedanken waren ganz woanders.
Er versuchte nicht einmal, diese Frauen mit belanglosen Phrasen anzusprechen, um zu testen, ob eine gewillt war, sich mit ihm zu unterhalten.
Durch die Unsicherheit wurde er unstet, und das ging ihm selbst am meisten auf die Nerven. Da war nämlich noch jemand, der etwas von ihm wollte, und zwar nicht bloß ein Telefonbuch oder einen Stadtplan. Und dieser Jemand erwartete, daß Koss alles meldete, was ihm auffiel. Das konnte irgendeine Person sein, die plötzlich auftauchte oder die plötzlich nicht mehr erschien, wo sie vorher immer dagewesen war.
Bela Koss genoß die Annehmlichkeiten, die seine Tätigkeit mit sich brachte, er war sich aber auch bewußt, was es hieß, für eine Sache voll und ganz dazusein. Und er war einsatzbereit.

Er täuschte sich nicht. Er hatte diesen Mann, der Victor Roth hieß, schon irgendwo einmal gesehen. Aber er wußte nicht, wo. Er hatte nur eine unbestimmte Ahnung, und so machte er sich auf den Weg. Bela Koss suchte ein Lokal auf, das »Budapest« hieß, er bestellte etwas zu essen und zu trinken, und er zögerte alles so lange hinaus, daß es seinen Zwecken entsprach.

Und als er gerade dabei war, ein Fleischstück in den Mund zu schieben, sah er einen Mann, der niemand anderer war als Victor Roth.

Und er sah noch jemanden. Es war eine Frau, und er war froh, daß er ihren Namen kannte: Ilona Malas.

Da hatte er also auf Anhieb Glück gehabt. Jetzt mußte er nur noch wissen, wer dieser Victor Roth war. Einer, der einfach gerne ungarische Spezialitäten aß, oder vielleicht ...

Bela Koss wußte von den Leuten, die man den türkischen, ungarischen und tschechischen Emigranten nachgeschickt hatte, und er wollte jetzt unbedingt herausfinden, was für eine Rolle dieser Mann spielte.

Als die Kellnerin den Kaffee brachte, hielt Bela Koss sie auf. Sie fiel durch ihre prallen Formen und durch ihr langes blondes Haar auf. Und Personal, das wußte Koss, war immer gut für Informationen. Die Blonde war sicher keine Ausnahme.

»Kennst du den?«

Er zeigte auf Victor Roth, der mit Ilona schwatzte und irgend etwas aß.

»Er kommt öfter mit dieser Frau hierher.«

»Wie heißt er, und wo wohnt er? Kommt er auch allein oder immer nur mit dieser Frau? Hast du ihn auch schon mit Personen gesehen, die dir irgendwie auffielen?«

Die Kellnerin runzelte die Stirn, und ihre Augen bekamen einen verächtlichen Ausdruck. Manche Leute glauben, das Personal sei für ein angemessenes Trinkgeld zu allem bereit. Auch zu einer Information, die niemanden etwas anging.

»Frag mich«, entgegnete sich schnippisch und putzte mit einem Lappen einen Tisch, bis er fast vor Sauberkeit glühte.

Bela Koss bekam schmale Lippen. Dann halt nicht, dachte er. Ist vielleicht auch besser so. Je weniger Leuten es auffiel, daß er sich für diesen Mann interessierte, desto sicherer war er.

Bela Koss bezahlte, damit *er* nicht auffiel, aber draußen verkroch er sich in eine Ecke, auch wenn man ihn so für einen Penner halten konnte.

Als Roth mit Ilona endlich erschien, heftete er sich an ihre Fersen, und wiederum war das Glück auf seiner Seite.

Roth ging heute nacht nicht mit Ilona in ihre Wohnung, und er nahm sie auch nicht mit in seine Wohnung. Heute ging Roth in eine Wohnung, die wiederum nur eine von zwei Wohnungen war.

Ilona kannte nur die eine, in die er mit ihr immer ging, aber heute ging er in die andere, die außer ihm nur U kannte. Denn diese Wohnung war der Treffpunkt für die vertraulichen und geheimen Zusammenkünfte.

In dieser Wohnung verwahrte Roth Aufzeichnungen und Notizen, Anweisungen und überhaupt alles, was andere nicht wissen durften.

Koss meldete diese Beobachtung einem Mann in Bern, der in der ungarischen Botschaft beschäftigt war und dessen Stimme so hell war, daß man sie für eine Frauenstimme halten konnte.

»Gut«, stellte der Mann sachlich fest. »Gut, daß du es gemeldet hat. Aber was heißt das?«
»Ich weiß es nicht. Vielleicht wissen Sie es.«
»Noch nicht, aber bald, wenn es überhaupt etwas ist, was uns interessiert.«
»Was weiß ich, was euch interessiert«, knurrte Bela Koss. »Ich weiß nur ...«
Der Mann in Bern legte einfach auf. Aber er begann sofort eine emsige Tätigkeit.

»Was Sie wissen müssen, ist«, sagte ein großgewachsener, übergewichtiger Mann, »daß wir Glasnost und Perestroika nicht trauen. Man kann nicht, praktisch von einem Tag auf den anderen, alles wegwerfen, wofür man jahrzehntelang gearbeitet hat.«
Varös nickte. Genau das war es. Auch wenn der Übergewichtige bereits die fünfte oder sechste Person war, die sie unterrichtete, man konnte wirklich nicht alles von einem Tag auf den anderen wegwerfen.
Cristina nagte an der Unterlippe. Warum, fragte sie sich im geheimen, kann man denn nicht etwas wegwerfen, was man als falsch oder unnütz ansieht? Sie drehte sich zur Seite und schaute Varös an, und ihr war klar, daß sie diesen Mann liebte, was auch immer er tat.
Vielleicht war sie doch zu konservativ erzogen, weil sie dachte, eine Frau habe sich dem Mann anzupassen, und vielleicht waren Glasnost und Perestroika tatsächlich nicht das richtige, vielleicht war es aber auch genau das richtige.
Wer sollte sich denn da noch auskennen. Trotzdem, wenn man sich jetzt dem Westen gegenüber öffnete, bedeutete das doch, daß alles Bisherige versagt hatte.

Und der übergewichtige Mann sagte genau das, was Cristina sich überlegt hatte.
»Wir müssen Stellen für den Ernstfall einrichten«, sagte er, und obwohl Cristina damit gerechnet hatte, traf es sie wie ein Schlag. Also doch.
Verflucht noch mal, waren denn diese Leute schon einmal in einem Hotel gewesen, in dem sich die Touristen aus dem Westen aufhielten? Konnten sie sich nicht umstellen, sich nicht den veränderten Zeiten anpassen?
Aber Varös strahlte über das ganze Gesicht. Offenbar war das, was sie taten, doch das richtige.
»Sie haben sich für eine Aufgabe entschieden, die nicht ganz einfach ist, die aber unserem System zum Sieg verhelfen wird«, sagte der Mann.
Genau das hatte Varös erwartet, und in gewisser Weise gab es ihm auch Auftrieb. Plötzlich fühlte er sich als Kämpfer, und er konnte etwas tun, was genau seiner Überzeugung entsprach.
»Ihr Einsatz«, erklärte der Übergewichtige, »erlangt erst im Ernstfall Bedeutung, das heißt, wenn Krieg herrscht oder wenn die politische Lage sehr angespannt ist. Sie sind Schläfer.« Cristina zog die Augenbrauen hoch. Was sie zu tun hatten, war doch alles andere als schlafen. Was sollte also ...
»Schläfer«, fuhr der Mann fort, »nennen wir jene Leute, die sich ruhig verhalten, die nicht auffallen, die eigentlich gar nicht vorhanden sind. Sie leben das Leben eines normalen Bürgers, und das jahrelang, vielleicht jahrzehntelang, vielleicht bis zu ihrem Ende. Möglicherweise kommen *Sie* gar nie zum Einsatz. Aber Sie müssen jederzeit verfügbar sein, das heißt, Sie müssen sich immer so verhalten, als könnten wir Ihren Einsatz von einer Stunde auf die andere verlangen.«

Der Mann machte eine kurze Pause. Er hatte noch andere unangenehme Neuigkeiten parat.

»In der Schweiz, wo Sie ja leben werden, ist man gegenüber Ausländern anfangs immer sehr zurückhaltend«, sagte der Mann und versuchte zu lächeln. »Doch wenn die Schweizer merken, daß Sie ihre Hilfe brauchen, dann werden Sie auf Händen getragen.

Sie sollten noch etwas wissen. Wenn Sie erwischt werden, haben Sie mit einer Freiheitsstrafe zu rechnen, im Kriegsfall, was sehr unwahrscheinlich ist, sogar mit der Todesstrafe. Ja, Sie haben richtig gehört. In der Schweiz gibt es noch die Todesstrafe, aber eben nur im Krieg. Das Risiko ist also gleich Null, denn die Schweiz ist ein sogenannter neutraler Staat.

Sie werden, wie ich es Ihnen schon erklärt habe, eine gutbürgerliche Existenz aufbauen. Sie werden keine Risiken eingehen, und Sie werden keine Spionage betreiben gegen das Land, das Ihre Heimat sein wird. Ihre Hauptaufgabe wird sein, daß Sie da sind, wenn man Sie braucht.«

Cristina schüttelte den Kopf, als müsse sie die Worte aus den Ohren schütteln, um sie neu zu ordnen. Obwohl sie alles genau gehört hatte, war ihr, als habe sie nur die Hälfte verstanden.

Da gab es doch Widersprüche und Dinge, die nicht miteinander vereinbar waren. Aber Varös strahlte, und Cristina kam sich einmal mehr so vor, als stehe sie völlig im Abseits.

Wäre sie doch nur in ihrem Hotel geblieben. Warum mußte es ausgerechnet ihr passieren, daß sie einen Mann wie Varös liebte?

»Wir gehen jetzt einen Schritt weiter«, sagte der überge-

wichtige Mann. »Bald ist es soweit, und Sie dürfen eine große Aufgabe übernehmen. Ich beneide Sie«, schloß er mit leidender Stimme und senkte den Blick, als könne er die Glückskinder nicht mehr betrachten.
Dann gab er sich einen Ruck.
»Es kann sein, daß Sie mit uns oder wir mit Ihnen in Verbindung treten müssen. Und wie geschieht das, wenn es schnell gehen muß? Ich zeige es Ihnen, denn das ist etwas, was Sie noch nicht wissen können.«

»Was wir noch nicht wissen«, sagte der bärtige Mathematiker, »ist, wann die Leute kommen, was sie bezwecken und wie sie aussehen.«
»Und wir wissen nicht, ob das Ganze nicht aus irgendeinem Grund noch abgeblasen wird«, sagte der Mann mit der getönten Brille.
Die Nacht war wie ein dunkles Tuch, und es roch nach Staub. Ein Gewitter wäre wirklich willkommen gewesen.
»Das ist kaum anzunehmen. Wenn sie schon so weit gegangen sind, bringen sie die Sache auch zu Ende.«
Der andere nickte langsam. Am wahrscheinlichsten war immer, daß der schlimmste Fall eintrat. Sie hatten eine Flasche mit leichtem Roséwein auf dem Tisch, der im Kanton Wallis gekeltert worden war und sich steigender Beliebtheit erfreute.
»Was machen wir denn nun?«
»Ich habe alle Möglichkeiten eines mathematischen Codes notiert«, sagte der Bärtige. »Es ist ja möglich, daß sie den Code eines Tages ändern, es ist sogar höchst wahrscheinlich. Dann braucht das Suchen nach dem Code nicht mehr soviel Zeit.«

An diesem Abend saß Roth vor dem Fernsehapparat. Er hatte Ilona jenen Menschen zeigen müssen, der zu jeder Tages- und Nachtzeit beschäftigt war, geheimnisvoll beschäftigt, wohlverstanden, damit sie ja nicht auf die Idee kam, es könnte noch einen anderen Victor Roth geben.

Er realisierte kaum, was im Fernsehen gezeigt wurde, er war von einer inneren Unruhe gepackt, er schaltete das Gerät aus, und jetzt wußte er plötzlich, warum er so unruhig war. Er verlangte körperlich nach Ilona, er wollte um alles in der Welt mit ihr schlafen, und genau das durfte er nicht. Jetzt nicht.

Victor Roth stand auf und durchstöberte seine Wohnung. Er hatte keine Zigaretten mehr. Wahrscheinlich hatte er noch welche in der anderen Wohnung. Er überlegte kurz. Dorthin zu fahren würde eine halbe Stunde dauern. Zum Hauptbahnhof würde er nur eine Viertelstunde brauchen. Und dort konnte er dann erst mal in aller Ruhe einen trinken, auch wenn es nur an einem Kiosk war.

Victor Roth lief aus der Wohnung und die Treppe hinunter, als sei er ein Dieb. Er riß die Haustür auf und stürmte hinaus, und dabei rannte er beinahe einen Mann über den Haufen.

Er war klein und trug eine Brille mit einem dunklen Gestell. Der kleine Mann ließ gerade einen Zettel und einen Kugelschreiber in der Hosentasche verschwinden und tat so, als sei er ein Bewohner des Hauses.

Roth kümmerte sich nicht um ihn. Er wollte jetzt Zigaretten holen gehen und einen heben, und ein bißchen war er auch schlecht gelaunt, weil er mit seinen beiden Persönlichkeiten nicht fertig wurde.

Er lief über die Straße, weil er eine Straßenbahn kommen

hörte, die zum Hauptbahnhof fuhr. In sich hatte er immer noch die Empfindung, wie es wäre, wenn er mit seinem ganzen Körper die samtene Haut von Ilona fühlen könnte, wie er sie mit Armen und Beinen umfangen und ganz in Besitz nehmen würde.

Er war überzeugt, daß nach zwei Zigaretten und nach einem Glas Wein alles wieder die richtigen Dimensionen bekäme.

Er stieg in die Straßenbahn, und als ihm plötzlich der kleine Mann wieder auffiel, war er alarmiert, auch wenn er sich nicht im klaren war, was das zu bedeuten hatte.

Rasch drückte er wieder auf den Knopf, die Tür öffnete sich erneut, er sprang hinaus, und die Straßenbahn fuhr weiter.

Roth holte tief Atem. Was war denn bloß in ihn gefahren? Er hatte eine harte Ausbildung hinter sich, und die zahlte sich jetzt aus.

Vorbei war das Verlangen nach Ilona, nach Zigaretten und nach Wein. Was ihn jetzt beherrschte, war der Trieb eines Spürhundes.

Er lief an den Hauswänden entlang, und trotz seiner schnellen Bewegungen schien Roth nichts anderes als ein lautloser Schatten zu sein. Geschmeidig wie ein Ballettänzer bewegte er sich vorwärts, und von einem Mauervorsprung aus sah er den Kleinen.

Dieser schrieb sich die Namen der Mieter auf, die neben den Klingelknöpfen standen, und anschließend probierte er einen Nachschlüssel oder etwas Ähnliches an der Haustür aus.

Im ersten Augenblick wollte Roth losstürmen, den Kerl von einer Ecke in die andere prügeln, aber dann drückte er sich in die Ranken eines Efeus, der eine Mauer überwucherte. Als Bela Koss wegging, schlich Roth hinter ihm her, und selbst wenn Koss aufgepaßt hätte, er hätte Roth nicht bemerkt. Da hatte der V-Mann eben doch eine bessere Ausbildung erhalten.

Die Frau war kräftig gebaut, doch ihr Körper hatte kein Gramm Fett zuviel. Sie hatte pechschwarzes Haar und ebensolche Augen, trug enge schwarze Jeans, ein weißes T-Shirt, und wenn sie sich bewegte, strahlte sie eine Sinnlichkeit aus, die Varös traf, als würde er von ihren kräftigen Schenkeln berührt.
Sie lächelte oft mit ihrem breiten Mund, und ihre Stimme war sanft, und jeder, der ihr zuhörte, schien auf ein Versprechen von ihr zu warten. Sie war für die meisten Männer das Weibliche in der besten Vollendung. Sie hatte nur einen Fehler: sie arbeitete für einen Geheimdienst.
Sie kam mit wiegenden Bewegungen auf Varös zu, die Hände hinter dem Rücken versteckt, sie lächelte einladend, und ihr Blick schien ihm den Atem zu nehmen. Plötzlich schnellte ihre Hand hinter dem Rücken hervor und legte ein Blatt Papier vor ihn hin.
Darauf war ein Foto von ihm reproduziert, und darunter stand: »Georg Walder, geboren 21. Februar 1949 in Budapest, heimatberechtigt in Mühletal, Kanton Aargau/Schweiz.«
Die Schwarzhaarige glitt weiter und legte das gleiche vor Cristina hin: »Christine Walder, geboren 2. Juni 1950 in Budapest, heimatberechtigt in Mühletal, Kanton Aargau/Schweiz.«
Sie setzte sich neben Cristina hin und demonstrierte damit eine Verbundenheit von Frau zu Frau. Sie lächelte

und legte mit einer scheinbar impulsiven Geste den Arm um Cristinas Schultern.
»Ich gratuliere Ihnen«, sagte sie. »Sie haben es geschafft. Sie sind Bürger eines der reichsten Länder dieser Erde. Die offiziellen Papiere bekommen Sie später. Doch Sie dürfen nicht vergessen, weswegen Sie hier sind und weswegen Sie das alles geworden sind.«
Sie stand abrupt auf, trat hinter ein Gerät und schaltete es ein. Auf einer schwarzen Tafel erschien ein Text.
»Sie werden auch in Zukunft Briefe schreiben«, erklärte sie. »Sie haben in Budapest Freunde zurückgelassen, und denen möchten Sie selbstverständlich mitteilen, wie es Ihnen geht. Die Adressen dieser Freunde geben wir Ihnen noch bekannt.«
Sie drehte den Kopf, und ihr Blick bohrte sich erneut ein oder zwei Sekunden lang in Varös' Augen. »Sie verstehen mich, Herr Walder, nicht wahr?«
Varös schluckte, und dann nickte er. Er hatte verstanden. Er hieß jetzt also Walder, und die Freunde würden Leute des Geheimdienstes sein.
»Mit diesen Briefen können Sie Mitteilungen machen, und zwar so, daß niemand etwas davon ahnt.«
Diesmal schaute sie Cristina an, die starr nach vorn blickte, und sie ging sogar zu ihr hin und legte ihr den Arm um die Schultern.
»Nur keine Panik«, meinte sie lachend, und da sie die Zähne zeigte und ein Gurren von sich gab, glaubte sogar Cristina, alles sei nur ein Kinderspiel.
»Sie schreiben zum Beispiel: ›An Herrn XYZ, Hámán Kató 34‹, dann weiß der Empfänger, daß der Brief eine völlig belanglose Botschaft enthält. Schreiben Sie ›Herrn XYZ‹, lassen Sie also das ›An‹ weg, weiß der Empfänger,

daß der Brief einen harmlosen Text enthält, aber außerdem eine wichtige Mitteilung.«
Sie schwieg ein paar Sekunden, damit sie sich darüber Gedanken machen konnten.
»Wir haben noch andere Möglichkeiten«, fuhr sie fort, »es gab einmal etwas, was man die Briefmarkensprache nannte. Man klebte eine Marke quer, schief, umgekehrt oder ganz normal auf den Umschlag. Jede Art hatte ihre besondere Aussage, und sie hat sie heute noch. Das gilt auch für Sie. Ist die Briefmarke schief aufgeklebt, zeigt das rechte Ende nach unten, so enthält der Brief einen Klartext mit Code. Gibt es kein besonderes Kennzeichen auf dem Umschlag, enthält der Brief einen Klartext ohne Code.
Schreiben Sie den Familiennamen in Großbuchstaben, bedeutet das, daß der Text auf dem zweiten Blatt des Briefes verschlüsselt ist. Die Entschlüsselung geht dann nach dem Code, den Sie bereits gelernt haben.
Wird aber der Name der Stadt — in unserem Fall Budapest — in Großbuchstaben geschrieben, heißt das, daß unter der Briefmarke ein Mikrat verborgen ist.
Unter einem Mikrat verstehen wir entweder einen Mikropunkt, der kaum größer ist als ein I-Punkt und irgendwo verborgen ist oder der I-Punkt eines Wortes ist. Es kommt immer nur darauf an, was vereinbart wurde. So . . .«
»Und was wurde oder wird vereinbart?« fragte Cristina, die aus gar nichts mehr klug wurde.
»Was ich Ihnen gesagt habe«, antwortete die Frau freundlich und sanft.
»Können Sie es noch einmal sagen?«
»Selbstverständlich«, erwiderte die kräftig gebaute Schwarzhaarige, und sie lernten genau zwölf Möglichkei-

ten, die »Georg« und »Cristina« später verwenden sollten. Und sie übten sie so lange, bis Cristina sie fast im Schlaf konnte.
»Das ist erst der Anfang«, sagte die Frau und strich Cristina übers Haar. »Später machen wir eine Übung, und dann darf alles nur noch halb so lang dauern. Das geht vor allem dich an, mein Herzchen. Mir scheint, du hast noch einige Schwierigkeiten, stimmt's?«

»Ich fahre nach Budapest«, sagte Karel Barth.
Er lehnte an der Wand, hatte die Hände in die Hosentaschen gesteckt, und es schien, als warte er, wie seine eigenen Worte auf ihn wirkten.
»Ich dachte es mir«, murmelte der andere Mann. »Vielleicht ist der Angriff tatsächlich die beste Verteidigung.«
»Ich bin überzeugt, daß es das Beste ist«, sagte der Mann mit der dunklen Brille.
»Was willst du unternehmen, und wie willst du es machen?«
»Ich melde mich bei einem der Reisebüros an, die Flüge nach Budapest vermitteln. Ich werde ein Tourist sein, der mit einem Charterflugzeug ankommt, um die ungarische Hauptstadt zu besuchen, und ich werde die üblichen Ausflüge machen. Ich werde in keiner Weise auffallen.«
»Die Ausnahme ist nur«, lächelte der bärtige Mathematiker, »daß du eine Frau namens Brenda treffen wirst.«
»Du bist ein Hellseher«, meinte der Brillenträger. »Ich werde sie am Abend treffen, und zwar in irgendeinem der großen Touristenhotels.«
»Und du willst etwas ganz Besonderes wissen, nicht wahr, da gehe ich nicht fehl?«

»Du hast recht. Ich will etwas ganz Besonderes wissen, und sie wird es mir sagen.«

Dieses Mal traf Victor Roth den Mann, den sie U nannten, in der »Walliser Kanne«, einem Restaurant nahe dem Hauptbahnhof. Tische und Stühle waren aus dunklem Holz, die Atmosphäre war ruhig und der Käse und der Weißwein aus dem Wallis gehörten zum Besten, was man in der Stadt Zürich erhalten konnte.
»Er stand an der Haustür und schrieb die Namen auf«, sagte Roth.
»Vielleicht wollte er Bibeln verkaufen oder Anteile von Investmentfonds, oder es gibt eine Frau, die er anhimmelt und deren Namen er nicht weiß«, meinte U und trank aus einem Glas mit dem Schriftzug des Restaurants.
»Oder er hat einen Mann entdeckt, der eine ungarische Freundin hat und nur so tut, als sei er auch ein Freund der Ungarn, wo er doch in Wirklichkeit ein V-Mann ist, der irgendwie aufgefallen ist oder einen Fehler gemacht hat.«
»Was ist es nun genau?« fragte U mit einem Blick, der Roth geradezu durchbohrte.
»Ich weiß es nicht, verdammt noch mal«, zischte Roth. »Ich weiß nur, daß du mit deinen blöden Bemerkungen an der Sache vorbei...«
»Du hast recht«, unterbrach U und schaute zur Tür, wo eben eine junge Frau mit wallender Mähne und einem roten Minirock hereinkam. »Mit blöden Bemerkungen kommen wir nicht weiter. Wie sah der Mann aus?«
Roth schilderte ihn, aber U konnte sich nicht erinnern, und so gingen sie anschließend in das Büro von U.
»Schau dir mal die Fotos an«, sagte er und legte einen Sta-

pel vor Roth hin. »Vielleicht kennen wir ihn, dann haben wir Glück, wenn nicht ...«
Nach einer knappen Viertelstunde sagte Roth: »Das ist er«, und deutete auf eine Abbildung.
U lächelte. »Den Scheißer packen wir uns. Den drehen wir durch die Mangel, daß nicht ein Tropfen ...«
»Den Scheißer packst du nicht«, murmelte Roth. »Ich werde mich um ihn kümmern. Ich will wissen, wer er ist und was er tut.«
»Und wenn du es weißt?«
»Dann sehen wir weiter.«
Er stand auf und ging hinaus, und er hatte nichts anderes im Kopf als den Gedanken, wie er dem kleinen Schnüffler ans Leder gehen konnte.

Es war ein heißer, wolkenloser Dienstag, als die Tupolev-Maschine der Malev startete und den Mann namens Karel Barth nach Budapest brachte.
Er saß hinten im Flugzeug, die Motoren dröhnten in seinen Ohren, er beachtete die Hostessen nicht, die die Sicherheitsvorschriften erklärten und die Sauerstoffmasken vorführten.
Karel Barth hatte nur Augen für eine Frau, die weit vorne in der Maschine saß und die die meisten nicht beachteten, bis sie sich plötzlich durch den Lautsprecher meldete.
»Meine Damen und Herren, liebe Gäste«, sagte sie, und sie sagte es in Schweizerdeutsch, weil alle Passagiere Schweizer waren und weil es ein patriotisches Gefühl vermittelte, so hoch in der Luft und erst recht an Bord einer ungarischen Fluggesellschaft.
Claudia, um niemand anderen handelte es sich, leierte ih-

ren Spruch herunter, anschließend verteilte sie Papiere, welche die Fluggäste auszufüllen hatten, und nach einer angemessenen Zeit holte sie die Papiere wieder ab. Als sie zu Karel Barth kam, stutzte sie.

»Was machst du denn hier?« fragte sie, und ihre Stimme schwankte zwischen professioneller Tonlage und Kollegialität.

»Sei ganz ruhig«, sagte Barth. »Wir kennen uns nicht. Ich besuche Brenda, das ist alles.«

Claudia schüttelte ihr langes blondes Haar und rückte ihre schmale Brille zurecht.

»Das ist alles?« fragte sie zweifelnd.

»Was hast du denn erwartet?«

»Ich weiß es nicht, aber ich hoffe, daß du es weißt, verstehst du mich?«

»Wir sprechen beide die gleiche Sprache«, antwortete Barth lächelnd. »Ich verstehe dich.«

»Machst du nur einen Städteflug oder . . .«

»Oder«, sagte Barth lächelnd. »Ich mache zwar einen Städteflug, aber ich habe etwas anderes im Sinn.«

»Was?«

»Ich will Brenda sehen.«

»Und sie? Will sie dich auch sehen?«

Barth zuckte die Schultern. »Ich weiß es nicht. Sie hat keine Ahnung, daß ich komme. Ich kann also nur hoffen, daß alles klappt.«

Claudia lächelte, und ein seltsamer Liebreiz lag auf ihrem Gesicht.

»Ich hoffe es für dich«, sagte sie. Und in diesem Augenblick wurde Barth bewußt, daß Claudia glaubte, Brenda und er seien ein Liebespaar.

»Ich danke dir«, sagte Barth und war sich genau im klaren

darüber, wieviel Glück er brauchte, um das zu Ende zu führen, was er vorhatte.
Nach der Landung setzte sich Barth unauffällig von den lauten Touristen ab. Er ging am Flughafen in Budapest durch jenen Ausgang, durch den man die Taxis erreichte. Er ließ sich zu einem internationalen Hotel fahren und ging auch hinein, aber er blieb nur so lange, bis der Fahrer sich wieder entfernt hatte.
Danach ging Barth hinaus und stieg in ein anderes Taxi, und er ließ sich zu jenem Ort fahren, wo er Brenda mit Sicherheit treffen konnte.
Um halb sieben kam sie heraus. Er ging auf sie zu, und sie hielt den Atem an. »Bist du verrückt?« stieß sie hervor.
»Ich hoffe es nicht«, sagte er.
»Wir haben doch vereinbart, daß . . .«
»Deine Informationen waren so, daß ich kommen mußte.«
»Vielleicht hast du genau den richtigen Augenblick erwischt«, sagte Brenda, und ihr Lächeln war wie eine Liebkosung. »Es geht los.«

5

»Vielleicht stimmt es nicht ganz, was man Ihnen gesagt hat«, meinte ein korpulenter Mann, bei dem das Kopfhaar schon über der Nase zu beginnen schien.
Cristina verzog den Mund, und Varös runzelte die Stirn. Was soll denn das? fragte er sich. Hatte man sie bis jetzt zum Narren gehalten, um sie auf irgendeine Art zu prüfen, oder was war los?
»Man sagte Ihnen«, fuhr der Mann fort, »daß Sie eine gutbürgerliche Existenz aufbauen, daß Sie keine Risiken eingehen und keine Spionage betreiben werden gegen das Land, in dem Sie wohnen und dessen Bürger Sie sein werden.«
Varös hatte das Stirnrunzeln beibehalten. Entweder warf jetzt einer alles über den Haufen und wollte ihnen vermitteln, bisher seien sie für dumm verkauft worden, oder man wollte ihnen beibringen, daß ihre Aufgabe eben doch etwas umfangreicher ausfallen würde.
»Sie werden in der Schweiz als Schläfer residieren«, sagte der Mann, »aber man wird nichts dagegen haben, wenn Sie Augen und Ohren offenhalten und melden, wenn Ihnen etwas auffällt.
Sie haben einfach dazusein, bis ein Spannungs- oder Krisenfall eintritt, das wissen Sie ja schon. Sie arbeiten aber auch für unseren militärischen Nachrichtendienst. Wenn Sie militärische Informationen bekommen, was durchaus möglich ist, wird niemand böse sein, wenn Sie diese weiterleiten, wie Sie es gelernt haben.

Als Schweizer Bürger werden Sie auch an Abstimmungen und Wahlen teilnehmen, jedenfalls sollten Sie es, um nicht aufzufallen, und wir wären Ihnen dankbar, wenn Sie auch Informationen dazu weitergeben könnten«, sagte er fast demütig, so daß sogar Cristina ihm glaubte.

»Lassen Sie sich nicht täuschen von der Tatsache, daß unsere Landsleute seit einiger Zeit ohne Visum nach Österreich fahren dürfen«, fuhr der korpulente Mann fort. »Die Leute können dort einkaufen, solange ihnen das Geld reicht, aber eines Tages wird auch das zu Ende sein, es wird ein Katzenjammer folgen und alles in Frage stellen, was wir bisher erreicht haben und noch erreichen wollen.«

Der Mann machte wieder eine Pause. Aus einer Ledertasche holte er zwei Blatt Papier und reichte sie den beiden, als erhielten sie ein Kilo Gold.

Cristina las sie rasch durch, um sich ein Bild machen zu können. Sie schaute Varös an. Sie war überzeugt, daß auch er das alles mindestens zweimal lesen mußte, um sich im klaren zu sein, was es hieß. Wenn sie es überhaupt je verstanden.

Varös knallte das Blatt auf die Tischplatte. Cristina zuckte nicht zusammen. Sie hatte es erwartet. »Hören Sie«, sagte Varös. »Uns wurde gesagt, daß ...«

»Lesen Sie«, sagte der korpulente Mann ungerührt.

»Was soll das?« schrie Varös. Cristina starrte auf das Blatt, ohne zu lesen. Sie kam da nicht mit. Warum hatte sie sich auf so etwas eingelassen? Nur aus Liebe zu Varös?

»Man hat uns gesagt«, wiederholte Varös, doch der korpulente Mann unterbrach ihn.

»Sie sind ausgewählt worden, weil Sie ein besonderer

Mann sind. Sie sind linientreu, Sie wissen, was Kommunismus bedeutet, und Sie sind gegen das, was man Dekadenz nennt. Sie ...«

»Das heißt nicht, daß ...«

»Das heißt, daß es kein Zurück mehr gibt«, sagte der Mann wieder vollkommen ungerührt.

Varös fragte nicht, was das heißen solle. Er konnte sich einiges vorstellen, aber keine dieser Möglichkeiten war erfreulich. Er gab sich Mühe, auf dem Blatt weiterzulesen. Jeder Beipackzettel zu einer Arznei war interessanter.

Politik. Die Haltung der Schweiz zur europäischen Sicherheitskonferenz ist wichtig, und die Rolle jeder einzelnen Partei dabei. Ferner die Beurteilung der Krisenherde durch die schweizerischen Politiker.

Welche Aktionen und Störmaßnahmen sind geplant? Wie sieht die innenpolitische Entwicklung aus? Finden Demonstrationen statt? Wenn ja, wird um Schilderung derselben und um Angabe der Gründe für deren Durchführung gebeten.

Maßnahmen zum Meldewesen in der Schweiz und zur Ausländerüberwachung. Bedeutung der Asylanten beziehungsweise der Asylbewerber bei der Bevölkerung und bei den einzelnen Parteien.

»Wir sind«, sagte der Mann, nachdem Varös das Blatt wieder auf den Tisch gelegt hatte, »wir sind auch über Informationen, die Sie uns über Ihren Arbeitsplatz machen können, nicht unglücklich.«

»Über meinen Arbeitsplatz?« fragte Varös, und es hatte einige Zeit gedauert, bis er diese Frage formuliert hatte. Was hieß denn Arbeitsplatz?

Der korpulente Mann sagte es ihm.

»Sie werden sich fragen, was wir damit bezwecken, oder

andersherum, wie wir wissen, daß Informationen über Ihren Arbeitsplatz wichtig sein können.«
»Genau«, sagte Varös. »Genau. Ich ...«
»Das ist einfach«, meinte der Mann, und zum erstenmal lächelte er. »Wir wissen bereits, wo Sie arbeiten werden.«

Der Mann in der ungarischen Botschaft in Bern war nicht untätig gewesen. Er hatte einen Eifer gezeigt, wie ihn nur Fanatiker kennen. Vielleicht war er auch einer.
Der Mann, der eine Stimme hatte, die so hell war, daß man sie für eine Frauenstimme halten konnte, hatte Bela Koss angerufen.
Der kleine Mann, der in Wirklichkeit Kurt Jaga hieß, wurde nach Bern zitiert. Er bekam plötzlich eine neue Verantwortung.
»Du schaust die Stelleninserate an«, sagte der Mann zu Bela Koss. »Du schaust sie so genau an, als müßtest du dir eine Stelle suchen.«
»Ich?« fragte Koss. »Ich dachte ...«
»Mach mich nicht wahnsinnig«, schrie der Mann mit einer sich überschlagenden Stimme. Sie saßen auf einer Bank auf einem Bahnsteig im Berner Hauptbahnhof. Die ein- und ausfahrenden Züge, die rangierenden Lokomotiven und die lärmenden Reisenden ließen für einen Außenstehenden kein Wort erkennen. Deshalb war dieser Ort gewählt worden.
»Okay, okay«, sagte Koss unangenehm überrascht. Er wählte diese Worte, weil er sie als eifriger Fernsehzuschauer mehr als nur gut kannte. »Ist ja gut. Ich wollte nur fragen.«
Er hatte mehr als das gewollt, aber das sagte er nicht.

»Du schaust also alle Stelleninserate an«, wiederholte der Mann, und er gab sich Mühe, daß seine Stimme nicht allzu hell klang.
»Auf was habe ich zu achten?« fragte Koss ernst.
»Achte darauf, ob eine Firma jemanden für die Hauszeitung sucht«, antwortete der Mann. »Wenn diese Firma zum Beispiel einen Grafiker sucht oder jemanden, der Texte ins reine schreiben kann, dann ...«
»Kann dieser Jemand, der von uns offensichtlich in einer Firma installiert werden soll, dies auch?«
»Er kann es«, antwortete der Mann, aber erst nachdem er ein paarmal tief Luft geholt hatte.
»In Ordnung, Boß«, sagte Bela Koss. »Und wenn ich so etwas gefunden habe? Was dann?«
»Dann bewirbst du dich.«
»Was?«
Der Mann von der ungarischen Botschaft erklärte es ihm. Und Bela Koss hatte Glück. Nach wenigen Wochen suchte eine Firma, die unter anderem im Rüstungsbereich tätig war, jemanden für die Hauszeitung.
Doch dieser Jemand sollte nicht Bela Koss, sondern Galant Varös heißen. Er hatte gute Zeugnisse vorzuweisen. Dafür hatte der Mann in Bern schon gesorgt.

Die Luft im Zimmer war dick und schwer wie ein graues Tuch, aber das machte den beiden nichts aus. Es brannte keine Nachttischlampe, nur das Licht des vollen Mondes erhellte das Zimmer ein wenig.
Victor Roth hatte sein Gesicht auf den großen, schönen Busen von Ilona Malas gelegt. Er war weich und voll zugleich, und er war erregend.
Ilonas Atem ging noch immer heftig. Sie hatte zweimal

den Höhepunkt erreicht, und sie war glücklich. Ihr Gesicht glänzte vor Schweiß.
Es dauerte ein paar Minuten, bis Victor Roth sein Gesicht von ihren Brüsten nahm. Er küßte die Warzen und dann die Lippen Ilonas, er legte sich sachte neben sie, hielt sie weiter umfangen wie beim Liebesakt.
Er ließ ein paar Minuten vergehen, um den Zauber nicht zu zerstören, denn das, was er fragen wollte, hatte nichts mit Romantik zu tun. Er streichelte ihr Gesicht, und als sie sich ihm zuwandte, wußte er, daß die Zeit gekommen war.
»Ilona?«
»Ja?« fragte sie leise. Sie konnte sich vorstellen, was er jetzt sagen wollte.
»Kennst du einen von diesen ungarischen Scheißern, der Bela Koss heißt?«
Ilona versteifte sich. Das verstand Roth nicht. Es verstrichen einige Minuten, und Roth glaubte bereits, sie habe die Frage nicht verstanden.
Er richtete sich halb auf, als sie in einem Ton sagte, der klang, als seien sie sich ganz fremd: »Du vergißt, mit wem du sprichst.«
»Was soll ich?« Ihm war überhaupt nicht bewußt, daß er sie gekränkt hatte.
»Hast du vergessen, wer ich bin?«
Er schüttelte den Kopf, die Lippen leicht geöffnet. Er war völlig konsterniert.
»Ich stamme von Ungarn ab«, sagte Ilona und schaute ihn dabei nicht an. »Ich bin in Zürich aufgewachsen und bin Schweizerin. Aber ich habe nicht vergessen, woher ich komme, auch wenn ich nie selbst dort gewesen bin.«

Sie ließ einige Zeit verstreichen, ehe sie fortfuhr: »Wenn du ungarischer Scheißer sagst, trifft es auch mich.«
Er wußte nichts darauf zu antworten. Gefühle überrumpelten ihn. »Ich wollte nicht ...«
»Eine Ohrfeige ist eine Ohrfeige.« Ilonas Worte waren heftig. Sie war selbst am meisten über ihren Ausbruch überrascht.
Roth regte sich nicht. Er hatte offensichtlich etwas falsch gemacht. Die große östliche Seele ... und die Frauen ... wer soll sich da noch auskennen, versuchte er das Ganze zu verharmlosen.
Er bemühte sich um eine Entschuldigung. Aber so oder so, sie hatte seine Frage nicht beantwortet. Eine Frage, die existentielle Bedeutung hatte.
Und er sagte es ihr auch.
»Kennst du nun diesen Bela Koss oder nicht?«
Ilona strich sich eine Haarsträhne aus dem Gesicht. Sie zog das Leintuch bis unters Kinn.
»Ich kenne ihn nicht, falls dich das beruhigt«, sagte sie.
Es beruhigte Roth nicht. Im Gegenteil. Er war keinen Schritt weitergekommen.
Koss war ein ungarischer Scheißer. Daran hatte sich nichts geändert. Er sagte es nur nicht mehr.
Und er hatte immer mehr das Gefühl, als sei er von einer Schicht Eis umgeben.

»Was geht los?« fragte der Mann mit der getönten Brille, der Karel Barth hieß.
Er schaute die Frau, die ein rundes Gesicht, sinnliche Lippen und kurzes blondes Haar hatte und auf den Namen Brenda hörte, lange an.
Er hatte die Frage gestellt, weil er sie stellen mußte. Des-

wegen war er hergekommen. Aber er war nicht ganz bei der Sache. Er saß zu nahe bei dieser Frau. Wie lange hatte er nicht mehr mit einer Frau geschlafen? Sich nur noch auf das konzentriert, was er als seine Lebensaufgabe betrachtete?

Sie hatte vorgeschlagen, in eines der internationalen Hotels zu fahren. Dort konnte man besser reden, man fiel nicht auf, und schließlich hatte man noch die Möglichkeit, in den Nachtklub des Hotels zu gehen.

Aber in erster Linie hatte sie es vorgeschlagen, weil sie im Buda Penta Claudia immer getroffen hatte.

»Was geht los, Brenda?« fragte er wieder, und er legte seine Hand auf ihre. Es war ein Impuls, und es war eine Geste, mit der er sein Gefühl ausdrückte.

Und Brenda umfaßte seine Hand.

An der Bar saßen sechs männliche Touristen. Sie hatten bereits die zweite Flasche Tokajer bestellt, und sie flirteten heftig mit der Bardame, die leidlich Deutsch sprach. Brenda fragte sich, ob sich die Bardame einladen ließ, nach der Arbeitszeit noch mit den Touristen auszugehen.

»Brenda ...«

»Ja«, antwortete sie. Sie schaute Karel an, und ihr Blick machte deutlich, daß sie lieber von etwas anderem gesprochen hätte als von dem, was die Menschen ins Unglück stürzte und was man Spionage nannte.

»Der Mann heißt Galant Varös und die Frau Cristina«, sagte Brenda. Mit der freien Hand nahm sie ihr Glas und leerte es in einem Zug. Und dann erzählte sie alles. Karel Barth blieb die Luft weg. Also doch. Da war eine dieser verdammten Affären im Gange, die sich nur die Geheimdienste ausdenken konnten.

Die Bardame hatte nun selbst ein Glas in der Hand und stieß der Reihe nach mit den Gästen an. Sie versuchte, die Vornamen richtig auszusprechen, was ihr nicht immer gelang, aber ein Riesengelächter hervorrief. Das war wenigstens etwas.
»Was sollen wir denn jetzt tun?« fragte Brenda.
»Ich weiß es nicht.«
»Aber wir müssen etwas tun.«
Barth nickte. Sie mußten etwas tun, das war richtig. Noch hatten sie Zeit.
Brenda hielt immer noch Barths Hand. Es gab eine Zeit, da hätte sie zu Claudia gerne gesagt, daß sie den Empfänger ihrer Briefe gar nicht mochte, daß sie ihn kaum kannte, daß sie nur eine Pflicht erfüllte.
Jetzt war Brenda froh, daß sie es nicht gesagt hatte. Irgendwie mochte sie diesen Karel Barth doch.
Plötzlich fragte Barth: »Warum kommst du nicht in die Schweiz oder sonstwohin?«
Brenda schluckte. Sie hatte wohl nicht recht gehört. Das hatten ihr die heimlichen Wünsche so formuliert.
»Was soll ich?«
Schon als sie fragte, wußte sie, daß diese Möglichkeit gar nicht so abwegig war. Sie wollte es nur noch bestätigt wissen von jemandem, der nicht hier lebte.
»Warum kommst du nicht in die Schweiz?« wiederholte Barth.
Sie schaute ihn stumm an.
»Du wirst deine Position nicht ewig halten können«, sagte Barth. »Du bist zu exponiert. Irgendwann einmal kommen sie darauf, daß du ein doppeltes Spiel spielst.«
Sie schwieg lange. Sie trank aus ihrem Glas, sie drehte es in den Fingern, und ihr wurde klar, wie recht Barth hatte.

Was passierte mit ihr, wenn sie aufflog? Sie wollte nicht daran denken. Keine der Möglichkeiten, die ihr in den Sinn kamen, war erfreulich.
»Wie komme ich denn in die Schweiz?« fragte sie leise und ohne ihn anzusehen.
»Ihr könnt doch nach Österreich fahren. Von Wien aus wird es ein leichtes sein, in die Schweiz zu gelangen. Ich kann dir dabei helfen.«
Sie schaute ihn stumm an.
»Oder ich komme und hole dich ab.«
»Du willst mich abholen«, flüsterte sie. »Wann denn und wie denn?«
»Das weiß ich noch nicht. Aber es wird gewiß nicht schwierig sein.«
»Bist du sicher?«
»Nein, aber ich will nicht glauben, daß es schwierig sein könnte.«
Es war nicht nur ein Vorschlag, um jemanden zu retten. Es war mehr. Zwischen einer Frau und einem Mann war der berühmte Funke übergesprungen.
Sie hatten sich gerade erst kennengelernt und waren sich sympathisch, oder vielleicht waren sie sich sympathisch, weil sie sich jetzt kennengelernt hatten.
»Du meinst also im Ernst, daß mein Doppelleben irgendwann auffliegt«, sagte Brenda.
»Überleg es dir noch mal«, antwortete Karel Barth. »Deine Tätigkeit unterliegt dem Gesetz der Wahrscheinlichkeit. Was eintreffen kann, trifft auch einmal ein. Früher oder später. Und wie die Folgen aussehen, brauche ich nicht zu schildern.«
Er hatte recht. Freiheit oder Gefängnis, darauf lief es wohl hinaus. Und zum ersten Mal konnte sie sich vor-

stellen, was es hieß, alle Brücken hinter sich abzubrechen.
Barth fragte sich, was er mit den neuen Informationen anfangen sollte.
Etwas anderes wußte er genau. Er sagte es Brenda.
»In meiner Wohnung ist genügend Platz für zwei. Du brauchst es nur zu sagen.«
Sie legte ihren Kopf an seine Schulter. Beide fühlten sich glücklich, obwohl es dazu keinen Grund gab. Es sprach sogar alles dagegen.

Barkosc tauchte bei dem dicken Matus unvermutet auf. Er hatte sich nicht angemeldet. Matus war Barkosc' Vorgesetzter, aber Barkosc war plötzlich in einer enorm wichtigen Position, und deshalb konnte er sich dieses Verhalten erlauben.
Er sah Brenda, und auch auf ihn wirkte sie vor allem wegen ihrer fraulichen Attribute. Er fragte sich einen ungebührlichen Augenblick lang, wie es wohl mit ihr wäre. Er stellte sich vor, wie sie ...
Dann hatte ihn die Pflicht wieder. Er räusperte sich. Er verdrängte die Vision, so verlockend sie auch gewesen war. Aber ein bißchen blieb sie doch. Vielleicht hatte er einmal mehr Zeit, dann könnte er sich um sie kümmern. Bald würde Varös' Einsatz kommen. Dann vielleicht ...
Aber plötzlich schlug seine Stimmung um, als habe jemand in seinem Kopf einen anderen Sender eingestellt. Ein Mißtrauen wurde wach. Für ihn waren alle Frauen in diesem Metier Sicherheitsrisiken. Im Grunde war die Spionage eine Männerwelt. Frauen waren im besten Fall Helfer.
Man setzte sie dort ein, wo sie am meisten Erfolg verspra-

chen, wo sie irgend jemanden unter Druck setzen konnten, wo sie etwas tun mußten, was nur eine Frau tun konnte. Aber auch dann waren sie immer noch ein Risiko.
Weiber zeigten Gefühle, ließen sich von ihnen lenken, und zwar immer im dümmsten Moment. Wahrscheinlich war sie als Sekretärin an der richtigen Stelle. Vielleicht, wenn man sich mit ihr befreundete, würde man einiges über Matus erfahren. Barkosc hatte mit ihm ohnehin noch ein Hühnchen zu rupfen.
So war er recht guter Stimmung, als er an die Tür klopfte und eintrat. Brenda stand auf und ging hinaus. Als sie durch die Tür ging, sagte sie: »Du rufst mich, wenn du mich brauchst, Jan, nicht wahr?«
Der Dicke nickte und drehte unwillig den Kopf. Wenn Blicke töten könnten, wäre Barkosc mit zwei spitzen Lanzen an die Wand gespießt worden.
»Wie ist sie?« fragte er, als habe er die Blicke von Matus nicht bemerkt.
»Was meinst du?«
Barkosc lächelte schief. »Nicht im Bett, meine ich.« Er ließ seinen Blick auf Matus' dickem Bauch ruhen. »Bei deiner Figur. Das ginge nicht gut, oder?«
Damit gab er ihm einiges zurück. Matus hatte ihm bisher nicht gerade wenig angetan. Er war sein Vorgesetzter, und er hatte es ihn immer wieder spüren lassen.
Matus stemmte sich von seinem Stuhl hoch. Mordlust stand in seinen Augen. Sah er erst jetzt, wie attraktiv Brenda war? Und wie unansehnlich er selbst?
»Ich meine, verhält sie sich loyal?« versuchte Barkosc die Wogen zu glätten. Zu weit durfte er nicht gehen.
»Das geht dich einen Scheißdreck an. Ich trage die Verantwortung. Was gibt es noch?«

»Wir schlagen bald los«, meinte Barkosc stolz. »Wir haben es durchgezogen. Bis Varös in Zürich heimisch ist, herrscht höchste Alarmbereitschaft.«

Es ließ Victor Roth keine Ruhe. Ilona war eine tolle Frau, aber in dieser Hinsicht keine Hilfe. Sich aufzuregen, weil er Bela Koss einen ungarischen Scheißer genannt hatte. So ein Schwachsinn.
Er mußte vorsichtig mit ihr umgehen. Emotionen konnte er sich nicht leisten. Und dann machte er beinahe die gleichen Überlegungen wie Barkosc. Vielleicht mußte er sein Verhältnis zu Ilona neu überdenken. Wenn sich die Situation zuspitzte, konnte das lebenswichtig sein.
Aber hier konnte ihn niemand hören. Hier konnte er einen Schritt weitergehen. Er konnte Bela Koss so nennen, wie er wollte. Er konnte sogar noch etwas zugeben.
»Was ist, wenn dieser Paprikascheißer mir auf die Spur kommt, wenn er mich enttarnt?« verlangte Roth von U zu wissen. Seine Stimme war wie ein Zischen, als habe er keine Kraft mehr, das auszusprechen, was eintreten könnte.
Die eine Wand des Büros war mit dunklem Holz verkleidet. Eine Pflanze mit hellgrünen Blättern und sattroten Blüten kletterte seit Jahren über dieses Holz. Bald würde sie es ganz in Besitz genommen haben.
U schaute die Pflanze an, als könne er von dort die Antwort ablesen. Als Orakel hatte sie sich gegen Roth verschworen. Was U sah, war nichts Gutes.
»Vielleicht muß du wieder zum Streifendienst zurück«, meinte U.
Roth beugte sich vor. »Was?« fragte er. In diesem einen Wort lag die ganze Tragik seiner Rolle als V-Mann.

»Dann müssen wir überlegen, was wir mit dir machen«, sagte U.
»Du willst wohl sagen, was wir dann mit Bela Koss machen«, stieß Roth hervor.
U lächelte, und die ganze Infamie dieses Gewerbes drückte sich in diesem Lächeln aus.
»Das ist hier die Frage«, meinte er.
»Was soll das heißen?« schrie Roth.
U erwiderte nichts darauf.

Der Regen fiel in schrägen Strichen, als schleudere jemand spitze Pfeile aus Wasser. Wenn eine Windböe sie packte, fuhren sie den Leuten waagrecht in den Bauch, wichen dem Schirm aus und zerfetzten die Hosenbeine. Die Regenpfeile sausten auch gegen die große Scheibe eines Cafés. Karel und der bärtige Mathematiker saßen direkt hinter diesem Fenster und zuckten immer wieder zusammen, wenn die Tropfen wie hartnäckige kleine Fäuste dagegentrommelten.
»Wenn Brenda hier wäre, hätten wir einen Zeugen«, sagte Karel Barth. »Wir hätten einen Trumpf, der alle anderen stechen würde.«
»Der gegen wen aussagen und was stechen würde?«
Barth zog fassungslos die Augenbrauen hoch. »Gegen wen? Ja bist du denn noch bei Trost? Gegen Varös und gegen Cristina und überhaupt gegen alles.«
»Erstens«, sagte der Bärtige mit seiner Mathematikerstimme, »ist nicht gesagt, daß Varös und Cristina tatsächlich eingesetzt werden, zweitens ist nicht sicher, daß uns jemand glaubt, und drittens . . .«
»Drittens?« In Barths Stimme lag ein Lauern.
»Drittens zweifle ich, daß sie kommen will.«

Karel Barth lächelte. Daran zweifelte er nun gar nicht. Sie wußte, auf was für einem dünnen Boden sie sich bewegte, und sie mochte ihn. Davon war er überzeugt.
»Ich kann von hier aus direkt ins Hotel Buda Penta telefonieren«, sagte er. »Eine Woche lang wird sie jeden Abend dort sein und warten.«
»Du bist schon ziemlich weit mit ihr, nicht wahr?«
Karel Barth zuckte die Achseln. »Ehrlich gesagt, ich weiß es nicht. Ich weiß es nicht, wie ich vieles bei dieser Aktion nicht weiß. Aber ich hoffe es.«
»Dann tu, was du für richtig hältst.«

Matus betrachtete Brenda jetzt tatsächlich mit anderen Augen. Das Arschloch von einen Barkosc hatte dies zustande gebracht. Er konnte sich vorstellen, daß sie ihn als Mann nicht anziehend fand. Aber er wollte zumindest, daß sie ihn als Vorgesetzten mochte.
»Bist du zufrieden?« fragte er sie eines Tages direkt, kurz bevor sie zum Mittagessen ging.
»Klar, Jan. Warum fragst du?«
Matus zuckte die Achseln. Er hätte eine Antwort gewußt, aber er sagte es nicht. »Nur so«, meinte er. »Wenn die ganze Aktion über die Bühne gegangen ist, machst du Ferien. Du hast sie verdient. Vielleicht möchtest du nach Wien fahren. Du kannst einkaufen gehen und ich kann dafür sorgen, daß du einige besondere Vergünstigungen bekommst. Wie wäre das?«
Im ersten Augenblick konnte sie nichts sagen. Nach Wien fahren hieße, daß sie einige Tage nicht gesucht würde. Und bis man sie suchte, wäre sie in der Schweiz.
»Das ist eine glänzende Idee«, sagte sie lächelnd. Sie küßte Matus zu dessen Verblüffung auf die Wange. Sie

ging hinaus und hatte das Gefühl, als habe sie sich soeben für immer von ihrem dicken Vorgesetzten verabschiedet.

»Ich glaube, ich habe da etwas«, sagte Bela Koss zu dem Mann von der ungarischen Botschaft in Bern. Sie standen vor der Absperrung des Bärengrabens und taten so, als schauten sie den Bären zu, die sich auf die Hinterbeine gesetzt hatten und mit den Vorderpfoten bettelnde Bewegungen machten.
»Was ist es?« fragte der Mann mit der hellen Stimme.
»Die Hauszeitung einer Firma, die unter anderem auch Kriegsmaterial herstellt, sucht einen Grafiker.«
»Phantastisch. Melde dich.«
»Ich? Ich dachte ...«
»Du hast nicht zu denken. Das kannst du getrost uns überlassen«, stellte der Mann sachlich fest.
»Melde dich«, befahl er wieder. »Dein Name ist Galant Varös respektive Georg Walder, und du kannst die Stelle in zwei Monaten annehmen.«
Bela Koss stieß die Luft aus, als spucke er in eine Ecke.
»Ich verstehe von Grafik soviel wie ein Pferd vom Schlittschuhlaufen«, jammerte er.
»Ich weiß«, sagte der Mann freundlich. »Wir sorgen für alles. Wir sorgen auch für Cristina. Du bist nur ein Strohmann. Davon verstehst du auch viel mehr.«
Er warf eine Handvoll Karotten hinunter, schüttelte die Papiertüte, damit ja nichts zurückblieb, ging weg und ließ Koss mit den Gedanken allein, wieviel ein Strohmann nun wirklich wert war.

6

Das Sturmtief breitete sich über ganz Europa aus. Der Regen sauste wie eine Wasserwand quer durch die Luft und platschte an Hausmauern, als wolle er sie umwerfen. Der Himmel war schwarz und anscheinend das, was in der Bibel Gottes Zorn genannt wurde.

Es war ein Wetter, bei dem man nicht gerne aus dem Fenster schaute und bei dem man nicht gerne ins Freie ging, schon gar nicht, um die Heimat zu verlassen.

Cristina lag ruhig da. Varös hielt mit seiner rechten Hand ihre linke Brust umfaßt. Sein Gesicht lag an ihrer Seite, und sie spürte seinen Atem, der wie ein warmer Hauch über ihren Bauch strich.

Langsam setzte sie sich auf. Seine Lippen lösten sich mit einem saugenden Laut von ihrer Haut. Sie nahm seine Hand von ihrer Brust und legte sie auf das Leintuch. Ein, zwei Minuten blieb sie so sitzen. Sie schaute zum Fenster. Die Tropfen kullerten an der Scheibe hinunter.

Cristina stand auf. Als sie am Fenster vorbeiging, prallte der Wind dagegen, und sie zuckte zurück. Sie hatte das Gefühl, er wolle sie mitnehmen.

Hatten sie nicht irgendwo noch einen Whisky im Schrank, eine Flasche, die sie bekommen hatten, um sich an die Verhältnisse zu gewöhnen, in denen sie bald leben würden? Oder war es ein Cognac?

Sie erinnerte sich jedenfalls daran, daß sie mehrere Flaschen Wein erhalten hatten. Ein paar mit rotem, ein paar mit weißem Schweizer Wein, damit sie sich auch daran gewöhnen konnten. Es wäre gut, hatte man ihnen gesagt, wenn sie sich für einen begeistern könnten. Wenn Varös für einen Schweizer Wein schwärmte, würde das sehr wohlwollend vermerkt. Dann erst galt er als einer von ihnen.

Beschafft hatte den Wein der Mann aus der Botschaft in Bern. Er war mit diplomatischem Gepäck gesandt worden und heil eingetroffen.

Aber jetzt suchte Cristina etwas anderes. Der Schweizer Weißwein war kein Tokajer, an den sie sich so sehr gewöhnt hatte.

Ein Whisky wäre gerade recht. Noch lieber ein Cognac. Sie öffnete die Tür eines Schrankes.

»Was ist?« fragte Varös.

Cristina zuckte zusammen, als habe sie einen Schlag erhalten.

»Suchst du etwas?«

Cristina schwieg. »Komm zu mir.«

»Haben wir noch Cognac?«

»Im anderen Schrank.«

Cristina nahm die Flasche und zwei Gläser. Sie hielt die Gläser zwischen den Fingern ihrer linken Hand, die Flasche in der rechten. Sie setzte sich aufs Bett und schenkte ein. Varös streichelte ihre Oberschenkel.

Sie reichte ihm das Glas, sie tranken, und dann fragte Varös wieder: »Was ist los?«

»Manchmal habe ich Angst«, antwortete sie sofort.

»Ich nicht«, entgegnete er ebenso prompt.

»Ich komme mir nicht vor wie ein anderer Mensch, der ich ja jetzt sein soll. Ich kann nicht aus meiner Haut. Ich werde Fehler machen.«

»Wirst du nicht«, behauptete Varös.

Cristina trank ihr Glas aus. Sie ließ nicht locker. »Manchmal habe ich das Gefühl, als ginge ich zu meiner eigenen Beerdigung«, sagte sie.
Er legte den Arm um sie. »Wir werden ein Leben führen, wie du es dir nicht einmal im Traum vorstellen kannst«, sagte er überzeugt.
In ihm war etwas, was er nicht in Worte fassen konnte. Sie, wer immer das auch war, hatten ihn erniedrigt, jetzt wollte er endlich zeigen, was er konnte. Und er würde es ihnen zeigen. Sie waren von ihm abhängig, denn er wußte etwas, womit er sie unter Druck setzen konnte. Sobald er in der Schweiz war, würde er das Sagen haben.
Er konnte seine Auftraggeber sogar ans Messer liefern. Das war ihm schon vor einiger Zeit klargeworden. Aber er hatte nie darüber gesprochen. Kein Kartenspieler gab den besten Trumpf so leichtfertig aus der Hand.
Er wollte Cristina auch jetzt nichts von seinen Überlegungen mitteilen. Er wollte sie nur beruhigen.
»Schau, es ist so«, begann er.
In diesem Augenblick klingelte es an der Tür. Es hörte sich sehr hartnäckig an.
Cristina stand auf. Sie holte einen Bademantel und schlüpfte hinein. Sie ging an die Tür.
»Wer ist da?«
»Machen Sie auf«, befahl eine Frauenstimme. Der Ton war so, daß Cristina den Schlüssel drehte.
»Guten Abend, Frau Walder«, sagte die Frau. Sie hatte kurzgeschnittenes helles Haar, das trotz des Schirmes, den sie in der Hand hielt, naß geworden war. Der blaue Regenmantel wies an der unteren Kante dunkle Stellen auf.

»Wir müssen uns anziehen, Varös und ich«, murmelte Cristina. »Wir sind ...«
»Tun Sie das«, meinte die Frau. »Ich habe Zeit. Aber Sie haben nicht mehr viel.«

Sie hatte ein Durchschnittsgesicht, eine plumpe Gestalt, sie war überhaupt ein Durchschnittsmensch. Aber das stimmte nicht ganz. Sie hatte ihnen einen Befehl erteilt. Und sie hatte »Frau Walder« gesagt. Die Worte verringerten Cristinas Zweifel nicht.
Varös hatte ein Hemd und seine Hose an, als er erschien. Er lächelte sogar. Er gab ihr die Hand. »Was gibt's?« fragte er gutgelaunt.
Die Frau kam sofort zur Sache. »Bevor Sie in die Schweiz verreisen, werden wir einiges üben«, sagte sie. »Morgen um zehn Uhr hole ich Sie ab. Nehmen Sie einige Kleidungsstücke mit. Das andere ist alles unsere Sorge.«
»Wohin fahren wir?« fragte Varös.

Die Ausbildung ging weiter, wo er doch geglaubt hatte, sie kämen nun zum Einsatz.
Zuerst fuhren sie nach Prag. Sie übten das, was sie bisher nur in der Theorie gelernt hatten. Sie schlossen sich Touristen an, die den Hradschin, die Burg von Prag, besuchten, sie übergaben dabei fingierte Botschaften, sie übten Erkennungszeichen und all das, was vorher nur in den Schulzimmern geschehen war.
Sie fuhren auch nach Wien. Und zwar mit einem Bus, den andere Ungarn benutzten, um von ihrer Freiheit zu profitieren und einzukaufen.
»Bevor Sie aussteigen, muß ich Ihnen noch etwas sagen«, meinte die Frau mit der plumpen Gestalt. Sie war im Bus

mitgefahren. »Offiziell sind Sie nicht verheiratet. Sie werden es auch in der Schweiz nicht sein.«
»Das war aber anders vereinbart«, begehrte Varös auf.
»Manchmal werden Vereinbarungen geändert. Es ist besser, wenn Sie so tun, als hätten Sie sich in der Schweiz kennengelernt. Man wird Ihnen noch genauere Anweisungen geben. So, und jetzt genießen Sie Wien. Und gewöhnen Sie sich an das, was man den Westen nennt.«
Der Reisebus hielt neben dem Westbahnhof. »Sausen Sie los«, sagte die Frau und grinste von einem Ohr zum anderen, als habe sie soeben den besten Witz gehört.
»Achten Sie auf die Preise von Kleidern, Schuhen, Uhren, Porzellan, Schmuck und anderem. Ach ja«, sagte sie übergangslos und behielt ihr Lächeln auf dem Gesicht.
»Wir treffen uns um vierzehn Uhr in der Konditorei Demel. Ich habe Ihnen noch etwas zu sagen. Und nun viel Vergnügen, Herr und Frau Walder.«
Varös war zum erstenmal speiübel.

Barkosc hatte ein großes Blatt Papier vor sich auf dem Tisch, das wie ein riesiger Stundenplan aussah. Zahlreiche kleine Rechtecke waren beschriftet und zeigten, was das »Unternehmen Feuervogel« Schritt für Schritt vorwärtsbrachte. So war jederzeit der aktuelle Stand des Unternehmens abzulesen.
Ein einziges Feld war noch frei. In vier Tagen würde es ausgefüllt sein.
Er rief den dicken Matus an. »In vier Tagen haben wir erledigt, was wir tun mußten.«
Matus verstand sofort. In vier Tagen fuhren Varös und Cristina von Budapest weg. Er legte auf, hatte vorher aber etwas geknurrt, was wie eine Zustimmung klang.

Ein paarmal atmete er tief durch. Für einige Personen würde nun ein neues Leben beginnen.
Er schrie: »Brenda!«
Sie kam, wie sie immer gekommen war. »Ja?«
»Es ist soweit«, sagte er und schaute zum Fenster hinaus.
»Was?«
»Du kannst deinen Urlaub nehmen.«
»Jetzt schon?« entfuhr es ihr.
Matus drehte seinen Spezialstuhl herum und streckte die Hände aus, als wolle er sie an sich ziehen. »Das haben wir doch so vereinbart, oder? Und du hast ja gesagt. Jetzt mußt du dich halt schnell entscheiden. Unser Metier verlangt es.«
»Ja, ja, natürlich. Kein Problem, Jan.«
Er drehte sich wieder um. »Da bin ich aber froh«, brummte er. »Ich habe genug andere.«
Er zog eine Schublade auf, entnahm einen Umschlag und hielt ihn Brenda hin. »Da sind zweitausend österreichische Schilling drin. Die gehören dir. Eine zusätzliche Prämie. Für deine Tätigkeit.«
»Vielen Dank, Jan«, sagte sie leise.
»Geh schon«, sagte Matus, aber es klang sehr freundlich.

Die zu kurz geratene Frau mit den blonden Haaren aß gierig ein Stück Schwarzwälder Kirschtorte. »Sie ist wunderbar«, stellte sie genießerisch fest. »Es tut gut, hin und wieder so etwas zu erleben. Ich habe ein altes Rezept, wie man die Torte selbst backen kann. Etwas sehr Spezielles«, gab sie zu bedenken und hob den mit Sahne beschmierten Löffel. »Ich kann es Ihnen verraten.«
»Verraten Sie mir, warum wir uns mit Ihnen treffen muß-

ten«, verlangte Varös sanft, aber mit zusammengepreßten Lippen und schmalen Augen.
»Später. Übrigens gibt es hier auch phantastische Pralinen. Ich gebe Ihnen den guten Rat, ein Pfund mitzunehmen. Wenn ich dabei bin, haben Sie am Zoll keine Schwierigkeiten. Das ist doch gut, oder?«
In Varös schlug eine Glocke an. Wenn sie dabei war, gab es also keine Schwierigkeiten. Aber sie konnte Schwierigkeiten machen. Das war wohl mit diesem Satz auch gesagt.
Es machte ihn wütend, und zwar deshalb, weil er ihr ausgeliefert war. Aber er war kein Roboter, der auf Knopfdruck reagierte. Er war schließlich ein wichtiger Faktor in ihren Plänen. Vielleicht mußte man das der Alten einmal klarmachen.
»In Ordnung, Großmutter«, sagte er. »Sagen Sie endlich, worauf es ankommt.«
»Es kommt darauf an«, sagte sie übergangslos und ohne das Essen der Torte zu unterbrechen, »daß Sie verschiedene Dinge werden auskundschaften müssen. Vielleicht treten Sie einer Partei bei. Dann wollen wir den Namen und die Adresse des Präsidenten wissen, ebenso die Namen und Adressen wichtiger Parteimitglieder, die Berufe dieser Leute, die militärischen Ränge, wenn sie welche haben, aber auch menschliche Schwächen. Das lernen Sie ja alles kennen.
Der eine hat vielleicht Freude an jungen Mädchen, der andere einfach an Frauen, der eine trinkt gerne Bier oder ist ein Kenner besonderer Weine. Das wollen wir alles wissen. Eines Tages ist das vielleicht wichtig.«
Varös verschlug es die Sprache. Die Blonde nutzte das aus. Er brauchte nichts zu sagen. Er sollte nur zuhören, und zwar genau.

»Wir sind auch daran interessiert, wie die Mitarbeiter heißen«, sagte die Frau und leckte den letzten Sahnerest vom Löffel. »Und wir wollen über ihre privaten Gewohnheiten Bescheid wissen. Dieses Vorgehen nennt man Abschöpfungsmethode. Man hat mit verhältnismäßig wenig Aufwand ein Maximum an Ertrag.«

»Wozu wollen Sie denn das alles wissen?« Seine Stimme klang, als käme sie von ganz weit her.

»Ich meine, daß man es Ihnen schon einmal klargemacht hat, aber ich tue es gerne noch einmal. Vielleicht brauchen wir mal jemanden, wenn der Spannungs- und Krisenfall eintritt. Dann ist es gut zu wissen, mit wem wir es zu tun haben. Wir wollen doch nicht jemandem Bier anbieten, wenn er ein Weinkenner ist. Und wir wollen ihn doch nicht mit jungen Mädchen bekanntmachen, wenn er gar keine mag und so weiter. Muß ich denn noch deutlicher werden?«

Sie mußte es nicht.

»Es ist wichtig, daß Sie solche Informationen sammeln. Das geschieht völlig unauffällig und ist auch ganz ungefährlich. Sie können das alles zu Hause aufschreiben und uns übermitteln, wenn wir es verlangen. Und Sie sollten es tun, wirklich. Wir haben auch die Möglichkeit, Sie fallenzulassen. Ich glaube, auch das wurde Ihnen schon einmal gesagt.

Ein einfacher Tip genügt, und Sie werden für immer und ewig im Gefängnis landen. Denken Sie auch daran. Aber wir wollen Sie nicht im Gefängnis. Wir wollen, daß Sie in Freiheit und aktiv sind.«

Die letzten Worte hatte Varös nur noch am Rande mitbekommen. Seine Gedanken waren bereits weiter. Und

es waren die gleichen Gedanken, die er schon einmal gehabt hatte.
Wenn nämlich . . .
Die Frau unterbrach ihn. »Sie sind so etwas wie ein atypischer Agent«, sagte sie. »Ihr Aussehen und Ihr Verhalten entspricht nicht dem Mann, der bei einem Geheimdienst arbeitet. Sie sind ein guter Kommunist, Sie kapieren schnell — die Voraussetzungen sind gut.«
Sie hatte ein Glas Orangenlikör vor sich stehen, nahm einen tiefen Schluck, und stieß genießerisch die Luft aus. Dann sagte sie: »Sie sind genau der Typ, den die Schweizer gerne bei sich aufnehmen, im Gegensatz zu den vielen anderen, die sie lieber wieder an die Grenze stellen würden. Sie sind Auslandsschweizer, Sie kommen aus einem östlichen Land, da kann man ja sowieso nicht leben, nicht wahr, man wird Ihnen helfen, die Leute sind ahnungslos und vertrauensselig. Das ist Ihr Vorteil. Sie werden ihn ausnutzen. Und zwar radikal. Sanft, aber eiskalt.
Sie werden sich sehr freundlich verhalten, ein bißchen scheu und ein bißchen hilflos, Sie werden Fragen stellen, und man wird Ihnen gerne Auskunft geben. Man wird Ihnen vieles sagen, was sowieso alle wissen. Niemand wird sich etwas dabei denken, wenn er Ihnen Dinge erzählt über Politiker, Geschäftsleute, Mitarbeiter, über die Firma. Und Sie werden alles schön aufschreiben, Herr Walder.«
Varös nickte. »Man wird auch mir Fragen stellen.«
Die dicke Frau nickte. »Darum haben Sie ja auch die Geschichte des armen Knechtleins Josef Walder so gut gelernt. Er war ihr Urgroßvater und wanderte nach Ungarn aus. In welchem Jahr war das genau?«
»1904«, antwortete Varös sofort.

»Und wie heißt die Gemeinde, in der Sie heimatberechtigt sind?«
»Mühletal. Sie befindet sich in einem Kanton, der sich Aargau nennt.«
»Sehr gut«, lobte die Frau. »Sehen Sie, nicht nur Ihre Voraussetzungen sind gut, sondern auch die Tatsache, daß Sie so schön gelernt haben. Das alles macht Sie für uns so wertvoll.«
Da hatte Varös sein Stichwort wieder. Die Frau hatte vorher seine Gedanken unterbrochen, als sie einfach weitergeredet hatte. Nun war es ihm wieder eingefallen.
»Wertvoll«, sagte er. Vor gar nicht allzu langer Zeit hatte er es Cristina gegenüber erwähnt. Und jetzt sagte er es zu der Frau. Er sagte es zweimal, damit sie es genau verstand.
Er war ein guter Kommunist und würde alles daran setzen, seine Aufgabe gut zu machen. Aber er würde sich nicht verheizen lassen. Neben dem Spionagekram hatte er noch etwas anderes gelernt, nämlich das Wort wertvoll.
Er würde seine Auftraggeber immer wissen lassen, was er wert war. So war er hin und her gerissen zwischen Auflehnung und dem Ehrgeiz, das Beste zu geben.
Aber das Wort »wertvoll« war ausschlaggebend.
»Wir bleiben noch einen Tag hier«, sagte er, und er sagte es so, als stelle er irgend etwas fest.
»Was?« Die Frau glaubte, nicht recht gehört zu haben. Aber sie hatte recht gehört.
»Wir bleiben noch einen Tag hier.« Er schaute dabei Cristina nicht an. Er schaute der blonden Frau auf die Nasenspitze. Es war, als habe er ein Messer dorthin gesetzt.
Es verschlug ihr den Atem und man sah, daß sie Ein-

spruch erheben wollte. Aber ein guter Lehrgang, den auch sie mitgemacht hatte, ließ sie nur kurz aufseufzen. Zeit gewinnen war die erste Priorität, wie sie einmal gelernt hatte.

»Ich brauche noch etwas Geld«, sagte Varös.

»In einer Viertelstunde bin ich wieder hier«, sagte sie.

Sie stand auf, schaute im Weggehen auf die Uhr und war verschwunden.

»Bist du verrückt?« zischte Cristina.

»Zuerst einmal sagen wir gar nichts«, entgegnete Varös. »Wir warten einfach.«

Sie schüttelte den Kopf. »Ich kann das nicht. Ich kann nicht einfach warten...«

»Es ist sehr einfach«, fiel ihr Varös ins Wort. »Entweder sie oder wir. Und ich glaube an uns.«

Er hatte recht.

Es dauerte wirklich nur eine Viertelstunde. Dann stand sie wieder da. Ihr Gesichtsausdruck war nichtssagend.

»Hier sind zweihundert Dollar«, sagte sie und warf die Banknoten vor ihn hin.

Varös strich das Geld ein, als habe er sich ein Sandwich von einer Platte geholt. Er fragte sich auch nicht, woher sie das Geld so schnell hatte. Und dazu noch Dollar.

Doch das war egal. Er hatte das Geld. Und er hatte den einen zusätzlichen Tag. Er hatte ihn verlangt, und er hatte ihn bekommen. Es war eine kleine Machtprobe gewesen. Sie hatte seine Überlegungen bestätigt.

»Kennen Sie den Unterschied zwischen Corpus und delicti?« fragte er.

Die Frau schaute ihn bloß an.

Er lachte laut. Er lachte ein bißchen zu laut, aber das fiel ihm nicht auf.

Er nahm Cristinas Hand, und sie verließen die Konditorei Demel.
Sie genossen den Aufenthalt. Das hatte die Großmutter doch so gewollt. Bei einer Filiale der Kreditanstalt wechselten sie die Dollar in Schilling. In einer Kneipe tranken sie eine Flasche Wein und lachten, sie gingen in den »Cercle Wien«, das Spielkasino, und sie verloren die Hälfte des Geldes. Aber sie lachten immer noch.
Im Hotel öffnete Varös eine Flasche Sekt. »Corpus und delicti«, sagte er staunend. »Woher habe ich das eigentlich, Corpus und delicti?«
Er lachte wieder, er schenkte ein und lachte. Er lachte immer noch, als er Cristina das Glas reichte.
Aber die Frau lachte nicht.

Am anderen Morgen stand sie in der Hotelhalle. Sie stand nur da und wartete, bis Varös und Cristina erschienen. Varös zögerte. Sein Magen zuckte. Um alles in der Welt hätte er jetzt nicht lachen können.
Aber die Frau drohte nicht und schimpfte nicht. Sie erwähnte den Vorfall nur am Rande, und das auch nur deshalb, weil sich Folgen daraus ergaben.
»Wir werden mit dem Zug fahren müssen«, sagte sie, und das war schon alles.
Was sie nicht sagte, war, daß sie am vergangenen Abend mit Barkosc telefoniert hatte. Im ersten Moment war er unschlüssig gewesen, was in einem solchen Fall zu tun sei. Aber schon bald wußte er es.
»Ist gut«, sagte er, »soll er seinen Willen haben, seine kleine Auflehnung. Das geschieht häufig. Bei so viel Theorie und Veränderung ist das kein Wunder. Höchste Zeit, daß es losgeht. Richtig losgeht, meine ich.«

»Vorerst sind wir noch in Wien.«
»Ja, ja, ist in Ordnung, wie ich schon sagte. Varös ist nicht der Agent, der sich verbissen an die Arbeit macht. Bei ihm geht das mehr intellektuell.«
Sie schnaubte. »Intellektuell.«
»Wissen Sie«, sagte Barkosc, »morgen erscheint er mit einem schlechten Gewissen. Ihm ist es nicht recht, daß er sich so aufgeführt hat. Dann ist er viel leichter zu führen. Er weiß, daß er sich danebenbenommen hat. Jetzt will er es wiedergutmachen. Er ist nicht nur leichter zu führen. Er ist auch williger.«
Sie kannten ihn wirklich sehr genau.

Im Bahnhof ging die blonde Frau voran. Varös trug eine Tasche. Am Schluß ging Cristina. Sie hatte kein gutes Gefühl. Varös hatte sich danebenbenommen und sie würden büßen müssen, davon war sie überzeugt. Sie wußte nur noch nicht, wie sie es Varös sagen sollte. Oder konnte.
Auf dem gleichen Bahnsteig trug Brenda in der rechten Hand ihren Koffer und in der linken eine große rote Tasche.
Sie kreuzten sich beim Wagenstandsanzeiger, der die Anordnung der Wagen der internationalen Züge bekanntgab. Die einen gingen, die andere kam.
Sie kannten einander nicht, darum wäre auch nichts passiert, wenn sie sich angeschaut hätten. Brenda ging weiter, als befinde sie sich in einer anderen Welt.
Die Stimmen aus den Lautsprechern stürmten auf sie ein, und je mehr sie aufpaßte, desto weniger verstand sie. Sie befand sich in einer fremden Welt. Jetzt hatte sie sogar Angst vor dem eigenen Mut. Wie sollte sie nur nach Zürich kommen?

Ihr war, als würden tausend Stimmen auf sie einreden, als würden tausend Hände sie in eine andere Richtung ziehen, und als würden Stimmen und Hände nur das eine beschwören, nämlich endlich ein Leben in Freiheit.
Aber wohin gehen, wenn Stimmen und imaginäre Hände sie zerrten und stießen? Und wenn Brenda keine Ahnung hatte, in welche Richtung sie sich fallenlassen konnte?
Sie fühlte sich so verlassen und allein wie noch nie zuvor in ihrem Leben.
Sie setzte sich auf eine Bank. Stimmen und Geräusche umschwirrten sie wie ein Reigen, bei dem sie nur Zuschauerin war, bei dem sie nur die Hälfte verstand.
Sie befand sich also in Wien. Offiziell hatte sie Urlaub genommen, hatte ihn schon längst verdient, sie befand sich im sogenannten Westen. Stand sie ideologisch auch auf dieser Seite? Sie wußte es nicht.
Wie lange sie schon auf der Bank saß und darauf wartete, daß sie sich zurechtfand, wußte sie auch nicht. Sie hatte Angst, und zugleich freute sie sich. Aber die Angst überwog. Zumindest im Augenblick. Sie kannte nur eines: die Abfahrtszeit des internationalen Zuges nach Zürich.
Sie hatte etwas zurückgelassen, was ihre Heimat gewesen war. Sie suchte etwas auf, was sie ebenfalls als Heimat bezeichnete, wozu sie aber ungefähr so viel Verbindung hatte wie ein Eskimo zu einem Landstrich, der tief im Süden liegt.
Aber, und das gab ihr einen großen Teil ihrer Zuversicht zurück, in Zürich wohnte ja Karel Barth. Und er wollte, daß sie kam.
Und sie wollte, daß der Affäre eine Grenze gesetzt wurde. Man durfte einfach nicht Krieger spielen, ohne sich be-

wußt zu sein, wie gefährlich das war. Eine blecherne Stimme drang durch den Lärm von fahrenden Loks, angekuppelten Wagen und unzähligen Stimmen, die irgend etwas plapperten.
Brenda kam sich verloren vor.
In all diesem Gewirr von Stimmen fiel ihr etwas ein. Einmal hatte sie ganz für sich persönlich eine Adreßkartei angelegt. Sie achtete nicht auf die Leute, die vorbeimarschierten, sie achtete nicht auf die Geräusche. Brenda versuchte, die Adresse eines Mannes zu finden, der sich Karel Barth nannte.
Schließlich fand sie die Wagen, die nach Zürich fuhren. Sie saß still in dem Abteil, blicklos und leer, sie hörte nichts und sie sah nichts, weil ihr plötzlich eingefallen war, daß sie nicht einmal die Adresse von Karel Barth in Zürich kannte.
Als der Zug losfuhr, liefen ihr die Tränen über die Wangen. Sie fuhr weg und wußte nicht, wohin.
Sie verließ eine Heimat, die ihr ans Herz gewachsen war, und sie hoffte auf eine Heimat, die ihr vielleicht einmal ans Herz wachsen würde. Sie hatte eine Aufgabe gehabt. Da war sie sicher gewesen. Jetzt hatte sie Angst.
Sie hatte vor allem deshalb Angst, weil sie nicht wußte, wo Karel Barth wohnte. Sie fuhr nach Zürich, aber dort kannte sie sich überhaupt nicht aus. Sie kämpfte gegen das Gefühl an, eine Riesendummheit begangen zu haben.
Als sie in Zürich ankam, hatte sie den Mut völlig verloren. Sie gab sich Mühe, eine Telefonzelle zu finden, suchte aber vorher noch einen Geldwechselschalter auf. Zum erstenmal in ihrem Leben hielt sie nun Schweizer Franken in der Hand.

Sie eilte zurück zu den Telefonzellen, aber sie waren alle besetzt. Während sie auf eine freiwerdende Zelle wartete, setzte sie sich auf ihre Koffer, und nach ein paar Minuten verließ ein langer Mann mit Vollbart eine Zelle. Brenda eilte hinein. Nur mit größter Konzentration fand sie die Münzen, die sie einzuwerfen hatte. Schließlich hatte sie es geschafft. Nach viermaligem Läuten meldete sich am anderen Ende eine Stimme. Sie sagte: »Hallo?« Es war ohne Zweifel die Stimme von Barth. Wieder brach Brenda in Tränen aus.
Danach konnte sie sprechen. Und dieses Mal war es tatsächlich wie der Beginn eines neuen Lebens.

In Budapest war es wirklich wie ein Kinderspiel. Sie waren daheim. Und sie waren es doch nicht. Aber das fiel ihnen nicht auf. Vielleicht deshalb, weil ihnen alles so unverändert vorkam. Jeder, der aus dem Ausland in die Heimat zurückkehrte, empfand so. Selbst wenn man blind wäre, würde man sich auskennen.
Wieder ging die blonde Frau voran. Sie trug nichts. Sie ging einfach geradeaus, und sie kümmerte sich nicht darum, ob Varös und Cristina ihr folgten. Vielleicht war sie noch wütend wegen des zusätzlichen Tages. Nein, das war es nicht. Sie verschwand hinter einer Säule und war nicht mehr zu sehen. Sie hatten den Eindruck, sie habe es absichtlich gemacht.
Barkosc stand da und nahm Cristina die Tasche aus der Hand. Er lächelte. Varös stutzte. Tief in seinem Innern mahnte eine Stimme, daß das eigentlich nichts Gutes bedeuten konnte. Bei vielen Leuten bedeutete ein Lächeln nichts Gutes. Einfach deshalb, weil sie sonst nie lächelten.
»Ein Wagen wartet draußen«, sagte er.

Er hatte sie in seine Obhut genommen. Sie wußten wieder, wo sie waren. Er ließ ihnen auch keine Zeit zu langen Überlegungen. Er war der Chef, und es war höchste Zeit, daß er es ihnen wieder zeigte.
Der Raum war hell. Eine Wand bestand praktisch nur aus Fenstern. Varös glaubte, in einem Zimmer zu sein, in dem sonst Unterricht gehalten wurde.
Was mit ihnen geschah, war nichts anderes. Barkosc legte sofort los.

Funken war etwas, was noch aus den Tagen stammte, als die Geheimdienste ganz am Anfang gewesen waren. Das war heute viel zu gefährlich. Mit den modernen Methoden war es leicht, einen Sender anzupeilen, zu orten und auszuheben. Funken kam nur noch in alten Schwarzweißfilmen vor.
»Wir haben andere Methoden«, sagte Barkosc stolz. »Sie werden Leute kennenlernen, die mit uns zusammenarbeiten. Sie werden sie sofort erkennen, weil sie alle das gleiche Stichwort verwenden. Es gibt keine Parolen, die blödsinnig tönen und einen, der zufällig mithören würde, zum Lachen brächten. Auch das ist vorbei. Die Leute sagen nur ›fein‹.«
Varös wußte nicht, was daran so geheimnisvoll oder unverfänglich sein sollte. Erst viel später lernte er das alles kennen.
»Was Sie herausfinden«, fuhr Barkosc fort, »wird auf ganz anderen Wegen weitergegeben. Sie werden Tennis spielen, Herr Walder. Ihr Racket wird einen hohlen Stiel haben. Das Racket Ihres Partners ebenfalls. Darin übergeben Sie die Mitteilungen. Und so bekommen Sie auch Anweisungen.

Oder Sie benutzen tote Briefkästen. Das haben Sie ja gelernt. Allerdings — ich bin kein Freund von diesen Dingen. Man schleicht in der Gegend herum, versucht, nicht aufzufallen und fällt gerade dadurch auf, daß man sich an einsamen Orten bewegt. Für mich ist das alles zu sehr Hokuspokus und Indianerspielen.«
Viel unverfänglicher war, die Mitteilungen auf andere Weise zu übergeben. Wenn der Empfänger Kinder hatte, konnte man zum Beispiel die Notizen in Stofftiere einnähen und diese übergeben. Der Empfänger mußte dann das gleiche Tier auch besitzen und mit jenem auswechseln, das die Mitteilung enthielt.
Solche und ähnliche Möglichkeiten gab es zu Dutzenden. Man mußte sich nur vorher absprechen. Und dafür würde gesorgt sein.
»Sie bekommen eine Adresse in München und eine in London«, sagte Barkosc. »Dorthin schicken Sie Ihre Mitteilungen. Niemand nimmt Anstoß, wenn man einen Brief nach München oder London schreibt.
Für Ihre Sicherheit ist mehr getan worden als für jemand anderen sonst. Vielleicht wird sich auch jemand melden, der etwas abzuholen wünscht. Wir haben so viele Möglichkeiten ausgearbeitet, weil dadurch die Chance, entdeckt zu werden, gleich Null ist. Wer immer die gleichen Kanäle benutzt, muß irgendwann auffallen.«
Barkosc setzte sich auf einen Stuhl. Aus der Innentasche seiner Jacke nahm er eine flache Flasche. Er setzte sie an die Lippen und nahm einen ausgiebigen Schluck. Danach zündete er sich eine Zigarette an.
Noch nie zuvor hatten sie Barkosc trinken oder rauchen sehen. Es machte den Eindruck, als sei heute der Tag der Überraschungen. Er schien nervös zu sein. Sie fragten

sich, weshalb. Eigentlich hätten sie es sein müssen. Sie waren doch mit der Forderung nach dem zusätzlichen Tag aus der Reihe getanzt. Offensichtlich war es geduldet worden.
Barkosc räusperte sich. Er ließ die Asche zu Boden fallen und schaute hinunter, als sähe er so etwas zum ersten Mal. Er räusperte sich noch einmal.
»Und alle diese Kontaktpersonen werden das Kennwort ›fein‹ benutzen«, sagte Cristina plötzlich. Sie hatte es schon lange sagen wollen.
Barkosc stutzte. Aber nur eine oder zwei Sekunden lang. Dann lächelte er wieder. »Sehr gut«, sagte er. Und noch einmal: »Sehr gut.« Wenn er ein Lob aussprach, dann nur so. Eine Steigerung gab es für ihn nicht.
»Nun«, sagte er, und das Lächeln verschwand. »Ich habe Ihnen noch etwas zu sagen.«

Ein Thema, über das berichtet werden mußte, waren die Fremdarbeiter und die Asylanten. Alles Faktoren, die bei einem Krisenfall sehr viel zur Unruhe beitrugen. Das taten sie zwar jetzt schon, aber in einer solchen Situation würde es viel schwieriger sein, diese Kreise unter Kontrolle zu halten.
Und außerdem konnten diese Probleme, die ja nur der Westen kannte, enorm viel zur Schwächung eines Landes beitragen.
Barkosc legte ihnen auch noch zwei Broschüren auf den Tisch. Er hatte sie über Bela Koss und den Mann in der Botschaft in Bern erhalten. Sie schilderten genau, wie es vor sich ging, wenn jemand Schweizer wurde.
Ihre Arbeit würde auch in der Auswertung von Presseberichten bestehen. Durch das systematische Sichten von of-

fen zugänglichen Nachrichtenquellen wie Zeitungen und Zeitschriften, Fachpublikationen, Broschüren, Werbedrucken, statistischen Veröffentlichungen, Radio- und Fernsehsendungen, die man außerdem auf Band aufnehmen konnte, erhielt die Spionagezentrale wertvolle Teile eines Zusammenspiels, welches die genaue Kenntnis eines Staats- und Wirtschaftsapparates ermöglichte.
Tote Briefkästen, das sagte Barkosc wie nebenbei, könnten sich auch in entfernteren Städten oder sogar im benachbarten Ausland befinden.
Barkosc nahm wieder einen langen Schluck aus der Flasche und zündete sich auch noch mal eine Zigarette an. Er setzte sich neben Varös, aber es war nicht zu übersehen, daß er dabei die Beine von Cristina in den engen Jeans ausführlich betrachtete.
Er trank noch einmal aus der Flasche. Er setzte zum Sprechen an, aber er lächelte nur, und es war im Augenblick nicht klar, wem dieses Lächeln galt. Er nahm noch einen Schluck. Alkoholiker kannte man auch im Osten. Diese waren nicht nur dem Westen vorbehalten.
»In drei Tagen werden Sie losfahren«, sagte er so hart, als gebe er jedem eine Ohrfeige. »Dann müssen Sie anwenden, was Sie gelernt haben. Erst dann werden Sie das Gefühl haben, allein zu sein. Und Sie werden es auch sein.«
Er gab Cristina und Varös die Hand und ging hinaus. Sie hatten schon jetzt das Gefühl, allein zu sein.

Karel Barth verschluckte sich. Im ersten Augenblick bekam er keine Luft und konnte auch seine Gedanken nicht richtig ordnen. »Wer ist da?« fragte er, obwohl er es genau wußte. Er hatte sich nicht getäuscht. Und doch wollte er sicher sein.

»Brenda«, sagte sie. »Hier ist Brenda.«
»Wo bist du?« fragte er sachlich. Da hatte er sich schon völlig gefaßt.
»Im Hauptbahnhof. In Zürich.«
Brenda schluchzte und schniefte. Sie konnte es nicht fassen, und sie fand sich nicht zurecht. Sie hörte eine Stimme aus dem Lautsprecher, ein Fußgängerstrom umbrandete sie, fahrende Straßenbahnen quietschten in den Kurven, ein Straßenmusikant sägte selbstvergessen auf seiner Geige herum. Im Futteral seines Instruments befand sich keine einzige Münze. Er spielte lächelnd immer weiter.
»Bleib, wo du jetzt bist«, sagte er. »Ich kenne die Telefonzellen. Ich komme dich holen.«
»Karel«, brachte Brenda mühsam hervor. Es war, als bekomme sie keine Luft mehr. »Karel, ich danke dir, ich ...«
»Du hast nichts zu danken. Ich freue mich, daß du da bist. Ich bin überrascht, weil es so plötzlich geschehen ist, aber ich freue mich. Du wirst es schön haben.«
»Dann soll ich einfach warten?«
»Ja. Bleib einfach auf deinem Koffer oder was du hast sitzen. Laß dich nicht ansprechen. Ich freue mich, ich freue mich wirklich.«
»Wie lange wird es dauern?«
»Eine Viertelstunde, vielleicht zwanzig Minuten. Es kommt darauf an, wieviel Verkehr ist.«
»Ich warte. Ich mache das, was du sagst.«
»Brenda?«
»Ja?«
»Wenn ich jetzt sage, daß ich dich liebe, glaubst du es mir?«

Sie hielt den Hörer in der Hand, den Blick blind vor Tränen. Sie fand keine Worte. Sie hatte plötzlich die Gewißheit, doch zu Hause zu sein.

»Ist alles klar?« fragte der Mann aus der ungarischen Botschaft in Bern.
»Ich verstehe Sie nicht.«
»Hast du irgendwelche Probleme?«
Bela Koss schüttelte den Kopf. »Ich habe getan, was ich tun mußte. Ich will, daß die verdammte Bande auffliegt, wer immer es auch ist, und ich will, daß unsere Ziele den Sieg erringen. Das wollten Sie doch hören, oder?«
»Ich weiß, ich weiß«, meinte der Mann aus der Botschaft. »Es ist wichtig, daß wir alle das gleiche wollen. Versagt der eine, versagen alle. Jeder ist mit dem anderen auf Gedeih und Verderb verknüpft.«
»Das ist auch meine Meinung«, sagte Bela Koss. Es war wirklich seine Meinung. Er war ein Kommunist, der zu den Getreuen um Matus gehörte, die eine Öffnung nach Westen um alles in der Welt verhindern wollten. Hatten sie denn umsonst soviel auf sich genommen und dafür gekämpft?
»Ich habe nichts anderes erwartet«, sagte der Mann aus der Botschaft. »Von jetzt an mußt du alle deine Sinne beisammen haben. Vielleicht, nein, mit großer Wahrscheinlichkeit gibt es in Zukunft sehr viel zu tun für dich.«
»Wegen dieses komischen Kerls, der sich Roth nennt?«
»Nicht nur deshalb.«
»Warum noch?«
»Die beiden kommen.«

»Hast du einen Ausweis?« fragte Barth Brenda.
»Ich habe alles«, antwortete sie, sich gleichzeitig glücklich und unglücklich fühlend. »Ich habe versucht, alles mitzunehmen, was möglich war. Aber ich habe meine Heimat zurückgelassen.«
»Deine Heimat hatte viele Fehler.«
»Aber es war meine Heimat.«
»Ich weiß«, sagte Barth. »Aber es gibt auch noch so etwas wie eine zweite Heimat«, meinte er nach einer Weile. »Hier wirst du sie haben.«
Italiener, Griechen, Türken, Tamilen und andere schwirrten um sie herum. Das hatte Brenda in Budapest nie gesehen. Sie gingen durch die Bahnhofsunterführung, die sich Shopville nannte und jede Menge Läden enthielt, die teure Waren feilboten. Das hatte Brenda in Budapest oft gesehen.
In einem Restaurant in der Bahnhofstraße tranken sie ein Glas Wein. Karel Barth hatte es als wichtig empfunden, daß er bei ihr war, wenn sie die ersten Eindrücke bekam. Er legte den Arm um sie und erzählte ihr Geschichten von Zürich. Sie konnte wieder lächeln.
Männer in guten Anzügen und Frauen in Boutique-Kleidern saßen da. Auch das hatte Brenda in Budapest oft gesehen. Waren hatte es immer genug gegeben, aber nicht genug Geld, um diese Waren zu kaufen. Das konnten nur die paar Reichen und die Touristen.
»Du wirst dich anmelden müssen«, sagte Karel Barth. »Das ist hier Pflicht. Das heißt, du wirst um Asyl nachsuchen. Du kommst aus einem kommunistischen Staat, da hast du es nicht so schwer. Wer vor dem Kommunismus flieht, wird im Westens gern aufgenommen. Jedenfalls meistens.«

»Meistens?« sagte Brenda. »Wann nicht?«
»Wenn jemand keine Bleibe hat — oder wenn man vermutet, daß jemand ein Spion sein könnte.« Daß man in den meisten Fällen vermutete, es könnte sich um einen Spion handeln, der nur zum Schein geflüchtet war, sagte er nicht.
»Ich habe keine Bleibe«, stellte Brenda mit erschreckter Stimme fest.
»Doch.«
»Wo?«
»Bei mir. Wenn du willst.«
Brenda befand sich bereits vier Tage in Zürich, als sie um Asyl nachsuchte. Sie hatte keine Probleme. Es gab verschiedene Leute, die für sie bürgten. Einer von ihnen war Victor Roth. Ilona hatte ihm von Brendas Ankunft erzählt. »Ich übernehme die volle Verantwortung«, sagte er. Er hoffte, endlich brauchbare Informationen zu bekommen.
Er beobachtete die Frau. Er wurde nicht klug aus ihr. Gerade deshalb sagte ihm sein Polizistengehirn, daß er besonders auf sie achten mußte.

An einem sonnendurchfluteten Morgen stand Georg Walder, der früher Galant Varös geheißen hatte, zwei Meter entfernt von jenem Schritt, der sein Leben wirklich veränderte. Er reiste bei der Ortschaft Buchs im Kanton Sankt Gallen in die Schweiz ein. Er legte den gefälschten Paß mit der Nummer 5483658, lautend auf Georg Walder aus Mühletal, Aargau, dem Grenzbeamten als Ausweis vor, als er einreiste.
Am anderen Tag legte er diesen Ausweis im Kreisbüro 12 der Stadt Zürich vor, als er sich anmeldete.

Christine Walder hatte den Paß mit der Nummer 5517539, der ebenfalls gefälscht war, aber vollkommen echt aussah. Sie hatte keine Probleme.
Christine erschrak, als sie plötzlich merkte, daß sie laut offiziellen Angaben immer noch verheiratet waren. Dabei hatte man doch gesagt, man habe es sich anders überlegt. Es sei besser, wenn sie nicht verheiratet seien. So ein Blödsinn.
Was galt denn jetzt?
Und vor allem: was war wahr?
Christine, vieles gewohnt von ihrer Tätigkeit im internationalen Hotel, fand sich erstaunlich schnell zurecht.
Sie stand bereits in einer Telefonzelle in der Sihlpost, als ihr plötzlich bewußt wurde, daß sie die Telefonnummer von Barkosc nicht kannte. Sie kannte nur die Vorwahl von Budapest.
Was jetzt?
Sie überlegte und weinte dann vor lauter Hilflosigkeit. War sie nun verheiratet oder nicht?
Da hatten ihre Leute, die doch an alles gedacht hatten, einen Fehler gemacht. Das machte sie hilflos. War das der einzige Fehler, oder hatten sie noch andere gemacht? Solche, die schwerwiegender waren?

7

Der Osten hatte begonnen, sich dem Westen gegenüber zu öffnen, er bot Freiheiten an, die völlig neu waren. Was vorher schlecht gewesen war, war jetzt gut, es gab Austern, wo es vorher nur Kartoffeln gegeben hatte, wenn überhaupt.

War das Preisgeben der Ideologie eine Bankrotterklärung? Hatte das System versagt und würde es untergehen, wie es schon immer prognostiziert worden war von jenen, die es genau wußten?

Jene, die der Ideologie noch immer anhingen, hatten plötzlich nicht mehr das Sagen. Aber sie waren überzeugt, das einzig Richtige zu tun, der Westen hatte mehr Probleme, als er zugab. Es kam nur auf den Durchhaltewillen an. Es gab keine Revolution, die innerhalb eines Jahres alles verändert und dauerhaft gemacht hätte.

Darum setzten sie das »Unternehmen Feuervogel« in Szene.

Darum verhärteten sich die Gesichter dieser Leute, und sie setzten alles aufs Spiel, auf ein Spiel, das vielleicht das letzte war.

Darum gab es auch Brenda, Karel Barth und andere, welche die Öffnung zum Westen hin als einen Schritt betrachteten, der zum Überleben notwendig war. Sie bekämpften all jene, die diesen Schritt verhindern wollten.

Und dazu gehörten Barkosc, Matus, Bela Koss, der Mann in der ungarischen Botschaft in Bern und viele andere. Sie waren ebenso überzeugt, das Richtige zu tun, wie es die anderen auch waren.

Und dazwischen stand Victor Roth, der V-Mann, der Spitzel, der überall und nirgends dazugehörte, der einen miesen Charakter haben mußte, wenn er als V-Mann arbeitete. Alle schienen genau zu wissen, was zu tun war, nur er nicht. Auch der Mann, den sie U nannten und der Roths Vorgesetzter und Führungsmann war, hatte einmal seltsame Andeutungen gemacht. Es genügte offensichtlich nicht mehr, das Ganze nur zu beobachten.
Es gab vieles, das Victor Roth in diesem Augenblick in den Sinn kam, und nichts war sehr freudig. Er wußte nicht, was mit diesem verdammten Bela Koss los war. Er hatte ihn auch einen ungarischen Scheißer genannt und damit Ilona verärgert, aber in all dem kam nur seine Hoffnungslosigkeit zum Ausdruck.

Der Mann von der ungarischen Botschaft in Bern polterte an die Tür von Koss.
Bela Koss fluchte leise, und er tat es auf deutsch, das seine Muttersprache war. Zwei wulstige Lippen legten sich auf seine. Sie waren weich, fordernd und stark, aber sie waren weniger stark als die Hand, die draußen an die Wohnungstür klopfte.
»Ich werde dem Kerl mal kurz die Zähne einschlagen«, sagte Bela Koss mit der Miene von James Bond, der sich drei Pistolenläufen gegenübersieht, von denen er aber weiß, daß sie nicht geladen sind.
Die Haut der Frau war tiefschwarz und glänzte wie eingeöltes Ebenholz. Sie hatte nur die Hälfte von dem, was Koss sagte, verstanden, aber sie wollte auch nicht mehr wissen. Sie vertraute ihrem spitzen Busen, der in einem sanften Schwung nach oben zeigte, als wolle er Koss aufspießen.

Koss hatte die Frau dort aufgelesen, wo die schwarzen afrikanischen Nutten verkehrten, und jetzt hatte doch tatsächlich so ein Arschloch den Mut, an die Tür zu klopfen und ihn zu stören.

»Bela«, sagte die Stimme draußen vor der Tür, und Koss war schon beim ersten Ton aufgesprungen. Nur gut, daß er das Wort Arschloch nicht laut gesagt hatte.

»Warte mal«, sagte Koss zu der Frau. Er war ein Mann, der es gewohnt war, nach zwei Seiten zu taktieren. »Der haut vielleicht sehr schnell wieder ab.«

Aber der Mann von der ungarischen Botschaft kam herein, runzelte nur kurz die Stirn, als er die Frau sah, aber die Augen bemerkten immerhin ihren Busen und ihren Hintern.

»Schick sie weg«, befahl er Koss.

»Was?«

»Hörst du nicht gut?« fragte der Mann, und seine Stimme klang schneidend scharf.

»Sie kann ins Badezimmer gehen«, versuchte Koss zu retten, was schon verloren schien, »und überhaupt, sie versteht doch fast nichts. Sie versteht nur das eine«, grinste er anzüglich und hoffte auf Verständnis.

»Schick sie weg«, sagte der Mann nochmals.

Koss seufzte. Er reichte der Schwarzen den BH, und sie wußte offensichtlich, was das zu bedeuten hatte. Der Mann von der Botschaft tätschelte ihr den Hintern, als sie an ihm vorbei ins Badezimmer ging.

»He!« protestierte Koss, aber der Mann schien nichts gehört zu haben. Als die Frau im Badezimmer verschwunden war, sagte er: »Höchste Zeit, daß du dich um Walder kümmerst.«

»Walder?«

»Varös und Cristina. Was bist denn du für einer? Müssen wir dich ablösen?«
Koss hob die Hände. »Schon gut.« Er war erschrocken. Ablösen lassen durfte er sich auf gar keinen Fall. Alles, was danach kam, würde schlechter sein.
»Walder muß jetzt die Stelle antreten, die du für ihn vorbereitet hast«, sagte der Mann. »Also sorge dafür, daß er es auch tut. Ebenso Cristina. Die Leute müssen arbeiten. Wer nicht arbeitet, ist dem Teufel vom Karren gefallen. So einer ist den Schweizern gleich verdächtig. Also los. Alles muß wie geplant verlaufen. Hast du noch Fragen?«
Die Wohnungstür fiel ins Schloß. Die schwarze Frau war gegangen. Der Mann von der ungarischen Botschaft ging ebenfalls. Koss fragte sich, ob der Kerl hinter der Frau herging.

Roth und der Mann mit dem Spitznamen U standen am Ende eines Bahnsteiges im Züricher Hauptbahnhof. Wie immer gaben sie sich verzweifelt Mühe, nicht aufzufallen, und bisher war ihnen das auch gelungen. U hatte eine Kamera umgehängt und fotografierte hin und wieder Lokomotiven und Züge beim Ein- und Ausfahren oder Wagenschlangen im schräg einfallenden Sonnenlicht, das die Schienen weiß erglänzen ließ.
»Hast du wirklich etwas für Eisenbahnen übrig?« fragte Roth, und seiner Stimme war anzuhören, daß er kein Ja erwartete. »Hast du das?«
»Was erwartest du für eine Antwort?«
»Irgendeine, wobei ich nicht damit rechne, daß sie der Wahrheit entspricht.«
»Ich habe etwas für den Staatsschutz übrig«, sagte U, und

von einer Sekunde zur anderen waren sie wieder beim Thema. »Wir stehen hier und ich habe eine Kamera, als sei ich einer dieser verbissenen Eisenbahnfotografen. Dabei geht es mir nur um dich.«
Roth konnte es sich vorstellen. Sie hatten schon einmal darüber gesprochen. Er hatte keine Resultate. Aber U brauchte Resultate.
»Verdammt«, sagte Roth, nachdem eine Rangierdraisine in den Bahnhof eingefahren war, »was soll ich denn tun?«
Und was war zu tun, wenn der Verdacht groß, der Beweis aber klein war?
Wie gut oder wie schlecht V-Männer waren, die mehr Risiken in sich bargen als Erfolge, darüber gingen die Meinungen seit Jahren auseinander. Nun, U hatte sich der einen Seite verschrieben, und die brauchte Erfolge. Egal, wie sie erzielt wurden.
»Nun, mein Freund, den wir U nennen«, sagte Roth, »was ist das für ein Spiel?«
Ein internationaler Zug aus Wien traf im Hauptbahnhof ein, aber U hielt nicht einmal die Kamera vors Auge. Dabei hatte dieser Zug sehr viele verschiedenfarbige Wagen.
»Wir hatten schon einmal darüber gesprochen«, meinte U lässig, als spreche er vom Wetter, dabei ging es doch um Leben oder Tod.
»Du hast mich damals ziemlich schockiert.«
»Ich muß es nochmals tun«, sagte U.
»Du mußt es nochmals tun? Das heißt, du läßt mich fallen, wenn wir die Sache nicht im Griff behalten? Du hast neulich schon mal solch eine komische Andeutung gemacht.«

U schaute auf eine Weiche und sagte: »Es ist ein Spiel, bei dem wir die Regeln aufgestellt haben. Und du, mein Freund, den wir V-Mann nennen, bist einer, der mitspielt. Wir pfeifen, wenn du Fehler machst, wir zeigen dir die gelbe Karte, wir holen dich sogar vom Platz, aber das wäre schlecht.«

»Schlecht für mich?«

U schaute einem Intercity zu, der wie eine sich windende Schlange seinen Weg durch das Gleisgewirr suchte. Er bewegte den Kopf, und Roth wußte nicht, ob das nun ein Nicken war oder nicht.

»Dann weiß ich ja Bescheid«, meinte er lakonisch. »Ich danke dir.«

»Dann ist es ja gut.«

Aber es war schlecht.

»Als erstes mußt du besser Deutsch lernen«, sagte Karel Barth zu Brenda, und der Mathematiker mit dem wild wuchernden Bart, in dem ein Zigarettenstummel beinahe verschwand, nickte lächelnd.

»Das mußt du«, bestätigte er. »Hier spricht man deutsch. Dann kannst du dich verständigen, und wer weiß, wofür das noch einmal gut ist.«

Diese Bemerkung hatte eine doppelte Bedeutung. Aber Brenda hörte sie nicht heraus.

Man konnte Brenda auf irgend jemanden ansetzen, um etwas in Erfahrung zu bringen, was wichtig sein konnte. Karel Barth liebte Brenda, aber er liebte auch seine Ziele, wenn auch auf andere Art. Man mußte nicht das eine oder das andere wählen, man konnte beides verbinden. Er würde Brenda nie einer Gefahr aussetzen, aber vielleicht bekam man gefahrlos Informationen.

Barth hatte ihr sehr schnell erklärt, was er damit meinte. Brenda überraschte es nicht. Sie hatte bei Matus ein doppeltes Spiel gespielt, sie würde es auch hier tun, wenn es erforderlich war. Es war ihr nicht ungewohnt. Sie hatte nur gehofft, es hier nicht tun zu müssen.
»Du mußt mit den anderen zusammenkommen«, sagte Barth. »Wir werden von nun an öfter ins Restaurant ›Puszta‹ gehen. Dort gibt es immer einiges zu hören. Natürlich wollen sie auch etwas von dir wissen. Das ist kein Problem. Wir haben einiges vorbereitet, was uns Antworten bringen könnte, mit denen wir vielleicht weiterkommen.«
»Fangfragen«, stellte Brenda fest.
Der Mathematiker nickte. Er hatte dazu beigetragen. Aber im Gegensatz zur Mathematik waren »Fragen« keine exakte Wissenschaft. Es konnte einiges danebengehen.
Warum nicht? dachte Brenda. So etwas wie Jagdfieber hatte sie gepackt. Auch sie hatte Ziele. Auch sie war daran interessiert, sie zu verwirklichen. Sie hatte nicht umsonst bei Matus in diese Richtung gearbeitet.
Was der dicke Jan wohl jetzt machte?

Er saß in seinem Spezialstuhl, hatte die Arme auf die Lehnen gestützt und drückte den Rücken durch. Sein Bauch stand hervor. Ihm tat alles weh. Aber eines tat ihm ganz besonders weh.
»Brenda ist nicht zurückgekommen«, sagte er.
Barkosc, der magere Mann mit dem unangenehmen Gesicht, saß nur da. Aber insgeheim ließ er diese Worte auf seiner Zunge zergehen wie ein gutes Stück Schokolade, das man von einer Backe in die andere schiebt, um es möglichst lange zu genießen.

Da hatte der dicke Matus endlich seine Leiche im Keller. Der Matus, der immer so hochnäsig tat und ihn mehr als einmal abgeputzt hatte wie einen Hosenscheißer. Und wer hatte jetzt die Hose voll?
Im ersten Augenblick war die Schadenfreude so groß, daß er die Tragweite dieser Bemerkung gar nicht ermessen konnte. Er wollte nur genießen.
»Sag das noch einmal«, verlangte er von Matus.
»Leck mich am Arsch«, schrie Matus und schnellte von seinem Stuhl hoch, und Barkosc schreckte zurück. Er hatte nicht erwartet, daß der beleibte Mann so schnell aufspringen konnte.
»Was genau ist denn passiert?« fragte er ruhig.
Matus erzählte es ihm.
Noch während des Erzählens begann Barkosc verschiedene Möglichkeiten zu prüfen. Sie war nach Wien gefahren, das war sicher. Oder doch nicht? Hätte sie nicht so tun können, als fahre sie nach Wien, war in Wirklichkeit aber ganz woanders hingefahren?
Fest stand, daß Brenda verschwunden war. Unklar war, wo sie sich befand, und ob man sie überhaupt finden konnte.
Wenn sie ihre Flucht von langer Hand vorbereitet hatte, dann war die Möglichkeit, sie zu finden, eins zu einer Million. Auch wenn sie überhastet und nicht gut vorbereitet abgereist war, hatte sie Tage zur Verfügung gehabt, um zu reden. Selbst wenn man sie jetzt zur Strecke bringen würde, wußten die anderen, wer das auch immer war, genug. Was hatte sie denn gewußt?
Barkosc fragte Matus. »Was wußte sie?«
»Alles.«
Barkosc stieß die Luft aus, und er tat es so, als blase er da-

mit Matus das Lebenslicht aus. »Das sieht nicht gut aus für dich. In deiner Haut möchte ich nicht stecken«, sagte er und ging rasch hinaus.

»Wir werden für dich auch eine Stelle finden«, sagte Karel Barth zu Brenda. »Wir haben überall unsere Leute, die in Warenhäusern, Krankenhäusern oder sonstwo arbeiten. Die wissen, ob eine Stelle frei ist und können ein Wort für dich einlegen.«

»Klar«, sagte Brenda, und sie dachte auch so. Sie war davon überzeugt. Das Jagdfieber wich nicht von ihr. Sie war im Westen, und sie war an etwas beteiligt, was vielleicht in die Geschichte eingehen würde.

»Du hast nicht vergessen, was wir wollen?« fragte der Mathematiker.

Brenda schüttelte den Kopf. »Natürlich nicht.«

»Willst du es auch?«

Sie nickte. Sie brauchte keine Antwort zu geben. Sie wollte es wirklich.

Und sie hatte Karel Barth. Die Liebe machte vieles leichter, auch wenn das kitschig klingen mochte. Das war ihr egal.

Barth legte einen Arm um sie und zog sie an sich. Er küßte sie sanft auf die Lippen.

»Eines mußt du klar sehen«, meinte er. »Wir sind nicht in erster Linie hier, um unsere Ziele zu verwirklichen. Wir sind vor allem hier, damit wir so leben können, wie wir es uns erträumen. Wenn wir dabei etwas für unsere Ziele tun können, desto besser.«

Er hatte recht. Sie hatte Karel Barth, und sie hatte ihre Ziele, die auch seine waren. Vielleicht konnte man die Entwicklung beeinflussen, vielleicht mußte man einfach warten können.

Brenda hatte wirklich keine Probleme. Sie hatte alles. Sie hatte sogar einen Bürgen, wobei sie immer noch nicht wußte, wie sie zu diesem Bürgen gekommen war.

»Kennt ihr Victor Roth?« fragte sie.

Karel Barth ließ Zeit verstreichen. Der Mathematiker versuchte gar nicht, etwas zu sagen. Das war nicht sein Gebiet. Viel lieber befaßte er sich mit Strategien. Aber zur Zeit befand man sich auf dem Boden des trivialen Lebens.

»Er ist der Freund von Ilona Malas.«

»Was heißt das?«

»Weil er der Freund von Ilona Malas ist, hat er für dich gebürgt«, sagte Karel Barth. »Ich sehe das so.«

»Genügt das?«

Sie wußten tatsächlich nicht, wer Victor Roth war.

Mußte man sich um ihn kümmern? Die Frage hämmerte im Kopf der drei herum, aber eine Antwort wollte sich nicht einstellen.

In diesem Augenblick, nur einige hundert Kilometer entfernt, hatte Barkosc eine Idee. Er wußte noch nicht, wie er diese realisieren konnte, aber einer Sache war er sich ganz sicher: er würde Matus eine Nasenlänge voraus sein.

Ein kleines, elektrisch betriebenes Zugfahrzeug mit vier angehängten Wagen brauste den Bahnsteig entlang. U trat zurück und zog Roth mit sich. Auf diese Weise durfte man den V-Mann nicht verlieren.

Nein, nicht auf diese Weise. Er war ein Beamter, der einmal einen Eid abgelegt hatte, er stand auf einer Gehaltsliste, die zwar nur wenige kannten, aber er hatte eine Sozialversicherungsnummer und war bei der Steuer registriert. Und alles war in einem Computer gespeichert.

Das waren Tatsachen, die man nicht so schnell los wurde, wie das in wirklichkeitsfremden Schilderungen so oft dargestellt wurde.
Andererseits, Roth wäre nicht der erste V-Mann, den man fallenließ, weil er verbrannt war, wie es in den maßgebenden Kreisen hieß. Damit meinte man, daß ein V-Mann keine Wirkung mehr hatte, weil er erkannt worden war oder aus anderen Gründen aus dem Verkehr gezogen werden mußte.
»Es gibt zwei Möglichkeiten«, sagte U. »Man kann warten, ob sich etwas tut, was kein Risiko in sich birgt, oder man kann selbst etwas tun.«
Roth zog die Brauen zusammen. »Was?« fragte er, als habe U von einem Fernsehfilm gesprochen, den er kürzlich gesehen hatte.
»Zum Beispiel die Züricher Krawalle«, fuhr U fort und ließ eine Schar Inder in wallenden Gewändern vorbei. Sie befanden sich auf dem Bahnsteig, an dem die Züge in Richtung Genf fuhren. Vielleicht hatten die Inder etwas mit der UNO in Genf zu tun.
»Damals hatten die Leute in der Funktion freie Hand«, sagte U mit einer gewissen Gleichgültigkeit. »Damals mischten sich die Fahnder in zerschlissenen Jeans und Turnschuhen unter die Steinewerfer. Sie streckten die Fäuste in die Höhe, schrien Parolen und warfen sogar Steine, aber sie paßten mächtig auf, daß sie keinen ihrer Kollegen trafen.«
Eine blecherne Stimme tönte wiederum aus einem Lautsprecher. U hielt kurz inne und sagte dann: »Und sie paßten auch mächtig auf, daß sie kein Tränengas abkriegten oder ein Gummigeschoß zwischen die Beine. Man mußte damals sehr geschickt vorgehen.«

»Hätte es echt aussehen sollen«, meinte Roth in einer plötzlichen Erkenntnis, »dann hätte man sich zusammenschlagen lassen und sich dann in einer stillen Stunde den Kollegen zu erkennen gegeben.«
»Hätte es echt aussehen sollen«, sagte U mit harter Stimme, »hätte man sich niederknüppeln lassen, ohne sich nachher auszuweisen. Ohne Wenn und Aber wäre man einer der Demonstranten gewesen.«
Roth nickte, aber seine Augen hatten einen bösen Ausdruck. »Du willst es also?«
»Eine Möglichkeit ist«, sagte U unverbindlich, »daß du es genauso machst. Wenn man alles erduldet, ist man einer von ihnen, man gehört dazu und bekommt Informationen, die man sonst nicht bekommen würde.«
Roth schaute U an, und der Blick sagte alles.
»Ich soll also ...«
»Es ist eine Möglichkeit«, unterbrach U sofort. »Du kannst so etwas wie ein Bewegungsaktivist werden. Manchmal muß man provozieren, um zu einem Resultat zu kommen. Gewißheit ist immer besser als Ungewißheit.«
»Ich soll also ...«
»Du bist der V-Mann.«
Roth brauchte etwa zehn Sekunden, um sich klarzumachen, was das hieß. Aber was es für ihn persönlich bedeutete, wußte er auch dann noch nicht. Er konnte es entweder bleiben lassen oder tun. Er war ein V-Mann. Also tat er es.

Die Wiese erschien vollkommen gelb. Es war, als beherrsche der Löwenzahn die ganze Fläche. Alles wirkte frisch und kräftig, und es stimmte fröhlich.
In der Nähe befanden sich vier Fußballplätze, und an

den Wochenenden herrschte hier Hochbetrieb. Aber das Geschrei und Gejohle wurde nicht als Lärm empfunden. Motorengeräusche waren eben doch etwas anderes.
Sie blieben stehen und schauten sich das alles an. Sie dachten etwas. Auf einem Platz spielten Damen, sie machten einen etwas ungelenken Eindruck, auf dem Platz daneben spielten Buben, und beide Mannschaften schienen aus einem Knäuel zu bestehen, der sich dort bildete, wo auch der Ball war.
»Wäre ein solcher Ort geeignet?« fragte Georg Walder, der einmal Galant Varös geheißen hatte, der einmal in einer anderen Welt gelebt hatte und sich nun mit dieser abfinden mußte.
Cristina, die jetzt Christine hieß, zuckte die Achseln. Sie sah die Leute nicht, die Fußball spielten, und sie sah erst recht nicht, ob dieser Ort für einen toten Briefkasten geeignet war.
Seit zwei Wochen befanden sie sich in der Schweiz, sie hatten in einem großen Wohnblock eine Wohnung bekommen, kannten gerade die Nachbarn auf der gleichen Etage, und das war ihnen nur recht.
Auf langen Spaziergängen machten sie sich mit der Umgebung vertraut, sie saßen in Restaurants und versuchten, den Dialekt kennenzulernen, den man hier sprach, und sie versuchten vor allem, Orte auszukundschaften, die sich für tote Briefkästen eigneten, oder Ablageplätze, wie sie im Osten bezeichnet wurden.
Es hatte sich ziemlich bald herumgesprochen, daß da zwei Menschen »heimgekommen« waren, zwei Auslandschweizer, die im Osten gelebt hatten, wo man sowieso nicht leben konnte, kein Wunder also, daß sie die Freiheit

gewählt hatten. Auch ein großer Wohnblock war nur eine kleine Welt.
Von einem dieser Spaziergänge kamen sie nach Hause und fanden im Briefkasten einen Brief. Der Absender hieß Sepp Hollmaier. Er wohnte in München, und zwar in jenem Stadtteil, der Lehel hieß und »Lechel« ausgesprochen wurde.
Das Viertel lag zwischen Englischem Garten und Maximilianstraße, und die Straßenzüge bestanden zumeist aus mächtigen, soliden Bürgerhäusern, die sehr gut erhalten waren. Die großen Wohnungen hatten schöne Parkettböden und Stuckdecken. Die Mieten waren entsprechend. Doch Walder fragte sich nicht, wovon Hollmaier diese Miete bezahlte.
Aber es war nicht nur ein Brief gekommen. Sie nahmen ihn aus dem Briefkasten, und noch bevor sie ihn geöffnet hatten, wußten sie, daß das eine Kontaktadresse war.
Eine Autotür schlug zu. Das Geräusch wirkte auf Georg und Christine, als hätten sie einen Schlag bekommen. Sie schauten sich um.
Das mußten sie sich unbedingt abgewöhnen. Sie durften nicht bei jedem Geräusch zusammenfahren, als habe man sie bei einer verbotenen Handlung erwischt. Walder steckte den Brief in seine Jackentasche. Nur sich jetzt nichts anmerken lassen. Schritte schlugen auf den Asphalt. Sie galten nicht ihnen. Doch sie kamen direkt auf sie zu.

Der Mann hatte einen spärlichen Haarkranz, und seine Kopfhaut glänzte, als sei sie eingeölt. Seine randlose Brille blitzte, und wenn er nicht näher gekommen wäre, hätte man gar nicht gesehen, daß er eine trug.

Seine Hose war dunkelgrau, sein Jackett hell, er trug ein blaues Hemd mit einer dunklen Krawatte. Ein Mann, der etwas verkaufen wollte.
Walder war erleichtert. In Sekundenschnelle fragte er sich, ob er eine Zeitung abonnieren sollte, wenn der Mann ihn danach fragte. Er hatte es nicht im Sinn, aber vielleicht war so etwas normal und unauffällig.
»Guten Tag«, sagte der Mann, und der Tonfall war nicht besonders freundlich. Walder versteifte sich.
»Herr Walder?«
Er nickte.
»Ist das Ihre Frau?«
Er nickte wieder.
»Kann ich in die Wohnung kommen?«
»Wer sind Sie?« fragte Christine.
Der Mann zeigte einen Ausweis, als hätte er ihn schon die ganze Zeit in der Hand gehabt. »Ich heiße Felix Brunner, ich bin von der Bundespolizei. Ich möchte etwas besprechen mit Ihnen, aber wenn möglich nicht hier draußen.«
Bundespolizei!
Das war für Walder mehr als nur ein Alarmsignal. Was sollte er tun? Weglaufen, und sich so erst recht verdächtig machen? Oder warten und auf gut Glück hoffen?
In Windeseile hatte er den Entschluß gefaßt. Es war alles mehr als nur gut vorbereitet worden. Es konnte nichts schiefgegangen sein. Und, falls der schlimmste Fall angenommen werden mußte, wenn etwas schiefgegangen war, würde er es rechtzeitig erfahren.
»Kommen Sie herein«, sagte Walder lächelnd, und er hoffte, daß sein Lächeln auch echt aussah.
»Möchten Sie etwas trinken?«

Brunner versuchte sich ebenfalls in einem Lächeln, das echt aussehen sollte.
»Wenn Sie Kaffee haben — sehr gern. Sonst macht es auch nichts. Ich will ja mit Ihnen sprechen.«
Christine war längst aufgestanden, und sie kam nach kurzer Zeit mit einer sehr schönen Porzellankanne zurück. Brunner warf einen Blick darauf. Woher hatten sie die? Eine Antwort gab niemand.
Ohne Luft zu holen, sagte Brunner nach dem ersten Schluck: »Es ist so: Wer einen Partner aus einem Ostblockland heiratet, gilt bei uns als potentielles Sicherheitsrisiko. Wir führen in solchen Fällen immer ein präventives Gespräch.«
Walder war nur noch erstaunt. Davon hatte ihm niemand etwas gesagt. Aber er sah plötzlich einen Lichtblick.
»Wir sind schon verheiratet«, sagte er erleichtert. »Ich habe also nicht . . .«
»Aber Sie kommen aus dem Osten. Und Sie kommen beide aus dem Osten.«
»Ich bin Schweizer Bürger.«
Was hieß eigentlich präventiv? Er hatte das Wort noch nie gehört. Aber er getraute sich nicht zu fragen.
»Ja, ja«, meinte Brunner und schaute in seine Tasse. »Einer ist immer Schweizer Bürger. Heiratet ein Mann eine Frau aus dem Osten, ist er Schweizer Bürger, oder umgekehrt. Aber das Risiko bleibt immer dasselbe. Er kann erpreßbar gemacht werden. Deshalb bin ich hier.«
Im Augenblick kam Brunner nicht weiter. Er hatte es hier tatsächlich mit einer besonderen Situation zu tun. Normalerweise begann er das Gespräch mit einer kurzen Einführung über die drei Formen des verbotenen Nachrichtendienstes: des militärischen, des politischen und des

wirtschaftlichen. Bei Schweizern mit Ostkontakten bestanden eben besondere Risiken.

»Normalerweise«, fuhr er fort, »leben Leute wie Sie in erhöhter Gefahr. Sie können ein Opfer der Ostspionage werden. Sie können über Ihre Frau erpreßbar gemacht werden, oder umgekehrt. Da gibt es ganz ausgeklügelte Methoden.«

»Ich kann nicht erpreßbar gemacht werden«, entgegnete Walder überzeugt.

»Das glauben Sie. Jeder kann erpreßbar gemacht werden. Ich rede aus Erfahrung.«

Es gab eine Frage, die für Walder von großer Tragweite war. »Gibt es denn irgendwo Akten über mich? Ich meine, warum kommen Sie ...«

»Es gibt über jeden Schweizer Bürger, der in den Osten reist oder die erwähnten Kontakte hat, eine Akte, zumindest eine Notiz.« Brunner stellte nur fest. Es klang ganz sachlich.

Aber er verschwieg auch einiges. Er sagte nur gerade soviel, wie nötig war. Er sagte nicht, daß man auch anders hätte vorgehen können. Zum Beispiel über eine etwas schwierige Telefonüberwachung. Oder daß man ihn und seine Frau auch hätte beobachten lassen können. Welche Kontakte sie pflegten, mit wem sie sich trafen und so weiter.

Aber die größte Gefahr, nämlich entdeckt zu werden, war abgewendet. Das war für Walder jetzt klar. Die Sache war reine Routine, er stieß hörbar die Luft aus.

»Sie arbeiten in einem Betrieb, der mit Rüstung zu tun hat«, sagte Brunner.

Die Erleichterung war von kurzer Dauer gewesen. »Woher wissen Sie denn das?«

»Routine«, meinte Brunner, als sei damit alles gesagt. Aber die Frage war nicht beantwortet. Vielleicht absichtlich. Vielleicht nicht.
»Wissen Sie«, fuhr Brunner fort, »wir sind einiges gewohnt. Wenn ich Ihnen alle Möglichkeiten aufzählen wollte, wäre ich morgen noch hier.«
Um Gottes willen, dachte Christine. Aber sie behielt es für sich.
»Wer sich in einem Ostblockland aufhält«, sagte Brunner nach einer Weile, »der kann für nachrichtendienstliche Anwerbung genutzt werden, wie es heißt. Ebenso derjenige, der aus einem solchen Land kommt. Und das sind Sie.«
Einen kurzen Augenblick lang herrschte betretenes Schweigen. Als hätten sie auf diesen Moment gewartet, donnerten Militärflieger über das Haus. Sie warteten, bis sich der Donner am Himmel verlor und sie sich wieder verstehen konnten.
Brunner trank den Kaffee aus. Er schaute in seine leere Tasse, als könne er darin lesen, was er nun weiter zu sagen hatte. Er wußte es ohnehin. Aber die Kunstpause machte Eindruck. In einem der vielen Kurse, die er besuchen mußte, hatte er das gelernt.
»Mein Besuch dient vor allem dazu«, sagte Brunner, »Leute, die in heiklen Branchen arbeiten, vor solchen Gefahren zu warnen. Da gibt es unzählige Möglichkeiten, die zum Verhängnis werden können. Viele sind froh darüber, daß wir sie warnen. Es handelt sich hier ja auch nicht um ein Ermittlungsverfahren, sondern lediglich um ein Gespräch.«
»Sie wollten wissen, wie es um uns steht, nicht wahr?« fragte Walder.

Brunner bejahte nicht, und er verneinte auch nicht.
»Auch Glasnost macht derartige Vorsichtsmaßnahmen nicht überflüssig«, meinte er schlicht. Was er nicht sagte, war, daß man sich einseitig auf den Osten fixiert hatte. Vielleicht eine Gewohnheit aus der jahrelangen Praxis. Wer nach Japan oder Amerika reiste, bekam keinen Besuch von der Bundesanwaltschaft, obwohl die Möglichkeiten, etwas zu verraten, vor allem aus der Industrie, ebenso groß waren.
Brunner stand auf. Er sagte: »Denken Sie daran«, und er ging hinaus, er gab ihnen nicht die Hand, und er wünschte ihnen auch keinen guten Aufenthalt in der Schweiz. Vielleicht wünschte er es ihnen wirklich nicht.

Sepp Hollmaier gab sich einfach mit ein paar simplen Grußworten als Kontakt zu erkennen. Seine Ansichtskarte war gewöhnlich und alltäglich, sie enthielt nichts, was jemanden auf falsche Gedanken hätte bringen können. Er schrieb nur, daß er umgezogen sei und eine neue Adresse habe, und er nannte sie auch. Er war nicht umgezogen, und seine angeblich neue Adresse war seine alte, nämlich jene, an die Walder eventuell Mitteilungen zu senden hatte.
Aber es war noch ein Brief im Kasten. Ebenfalls von Hollmaier. Und er enthielt Zahlen.
»Weißt du, was das soll?« fragte Christine.
Walder nickte. Er bekam Arbeit, es ging los. Bereits jetzt. So schnell hatte er es nicht erwartet.
Plötzlich wußte es auch Christine. »Ein Code«, sagte sie leise.
»Ein Code«, bestätigte Walder.
Er starrte die Zahlen an, und eine leichte Panik befiel ihn.

Einmal hatte er die Bedeutung der Zahlen gelernt, es hatte auch einen Schlüssel dazu gegeben, genauer gesagt, irgendwo gab es eine Tabelle, auf der festgelegt war, welche Zahl einen bestimmten Buchstaben symbolisierte.
»Was mag das wohl bedeuten?« fragte Christine. Auch sie hatte nicht damit gerechnet, daß sie so schnell einen Auftrag bekämen.
»Wahrscheinlich nur eine Übung, um uns an den Code zu gewöhnen«, meinte Christine, und ihre Stimme klang erleichtert.
»Wahrscheinlich nicht«, sagte Walder.
»Nicht?«
»Nein.«
»Was ist es dann?«
»Ich muß die Zahlen erst dechiffrieren«, antwortete Walder. In Gedanken hing er immer noch dem Besuch des Bundespolizisten nach. Davon hatte ihm niemand etwas gesagt. Hatte man es nicht gewußt? Und bedeutete das jetzt ein Risiko?
»Hast du schon etwas?«
»Laß mir Zeit«, sagte Walder, und er sagte es rauher, als er es beabsichtigt hatte.
Barkosc hatte ihm gesagt, daß er ein normales, alltägliches Leben führen würde in der Schweiz. Ein Leben, das nicht auffiel. Und jetzt kam die böse Ahnung, daß er verschaukelt worden war.
Jemand hatte mal gesagt, daß es in diesem Metier keine Ehrlichkeit gäbe. Irgend jemand würde immer übers Ohr gehauen, einmal mehr, einmal weniger.
Walder machte sich an die Arbeit. Er begann Zahlen durch Buchstaben zu ersetzen. Und diese sollten anein-

andergefügte Worte ergeben, die einen Satz ausmachten. Und dieser Satz sollte einen Sinn haben, eine Aufgabe darstellen, die Walder logisch erschien. Das war das Wichtigste.
Walder begann die einzelnen Zahlen durch Buchstaben auszuwechseln. »Das A ist eine Null, das E eine Eins, das N eine Drei, und das B ist eine...«
Schließlich verstanden sie die Mitteilung. Barkosc wollte, daß sie überprüften, ob eine gewisse Brenda sich in Zürich aufhielt.
Sie wußten nicht, was das bedeutete, und sie kannten auch keine Brenda. Sie wußten nur, daß sie eine Antwort haben mußten. Aber ihnen war nicht klar, welche Tragweite die Antwort haben würde.

8

Zu diesem Zeitpunkt schien es wirklich, als würde überhaupt nichts passieren, obwohl hinter den Kulissen alles in Bewegung war.

»Wir müssen«, sagte der bärtige Mathematiker, der zu jener Gruppe gehörte, die eine Öffnung zum Westen hin als lebensnotwendig betrachtete, »diesen Varös oder Walder, wie er jetzt heißt, so lange wie möglich aufrechterhalten und stützen.«

Karel und Brenda schauten ihn stumm an. Ein Gegner, der so schnell wie möglich aufflog, war doch ein Erfolg, der sie weiterbrachte. Warum sollte man ihn so lange wie möglich am Leben erhalten?

»Wir können ihn immer unter Kontrolle halten, und wir wissen immer, was er tut. Wir kennen die Ziele, die er für seine Auftraggeber verfolgt, und deshalb können wir ihn auffliegen lassen, bevor er zu großen Schaden angerichtet hat.«

»Auffliegen lassen, wenn wir es für richtig halten«, sagte Brenda so vor sich hin. »Können wir denn das so ohne weiteres?«

»Kein Problem, wenn wir immer auf dem laufenden sind«, sagte Karel Barth.

»Und wie lassen wir ihn auffliegen?«

»Die Polizei geht solchen Hinweisen nach. Sie leitet sie an die entsprechende Stelle weiter. Die Bundespolizei nimmt dann die Spur auf. Und die reagieren sehr heikel auf solche Dinge.«

»Aber wir haben auch unsere Ziele, und wir arbeiten auch dafür«, sagte der Mathematiker. »Darum warten wir ab. Wir geben den Tip im entscheidenden Moment, dann stehen wir gut da. Das ist sehr viel wert.«
»Können wir ihn denn dauernd überwachen, ohne daß wir auffallen?«
»Das ist schwierig«, gab Karel Barth zu.
Der bärtige Mathematiker zündete sich wieder eine Zigarette an. Beide Männer starrten vor sich hin, als beschäftigten sie sich eingehend mit den Problemen.
Nichts wird dem Zufall überlassen, dachte Brenda stolz. Sie kümmern sich wirklich um die Dinge. Und ich bin dabei. Die Risiken, die ich all die Jahre einging, waren nicht umsonst.
Sie lächelte glücklich.
Erst nach einer Weile fiel ihr auf, daß die Männer sie nicht anschauten, sie nicht in die Diskussion miteinbezogen — es gab überhaupt keine Diskussion.
Brenda stutzte.
»Gibt's Probleme?« fragte sie.
Die Männer schwiegen.
»Karel!« sagte Brenda. Sie packte seine Hand. »Was ist, verdammt noch mal. Wieso sagt ihr nichts? Habe ich nicht mein Leben riskiert? Bin ich auf einmal nicht mehr wert, daß ihr mir sagt, was ihr vorhabt?«
»Du bist sehr viel wert«, sagte Barth.
»Es kommt sogar nur auf dich an«, sagte der Mathematiker, und er hob den Blick.
»Was ist es?« murmelte Brenda.
»Du mußt direkt in die Höhle des Löwen marschieren«, sagte Karel Barth. Er streichelte ihr Gesicht, und dann hielt er ihre Hand.

Brenda hatte einen flehenden Ausdruck in den Augen. Der Blick tat weh. Barth konnte ihn nicht aushalten.
»Du hast die Möglichkeit, in dem gleichen Unternehmen zu arbeiten, in dem auch Walder und seine Frau angestellt sind. Es ist eine große Firma, die unter anderem auch Kriegsmaterial herstellt. Er arbeitet dort als Grafiker in der Werbeabteilung, die für Prospekte und für die Hauszeitung zuständig ist.
Christine arbeitet in der Werkskantine als Serviererin, was ungefähr dem entspricht, wenn ein Bankdirektor zum Hausmeister eines Altenheims degradiert wird. Der Vergleich hinkt etwas, aber dennoch. Zuerst in einem internationalen Hotel in Budapest mit all seinen Vorteilen und Bequemlichkeiten, und dann eine Kantine.
Sie wird frustriert sein, wie man hier sagt, sie wird unzufrieden sein, sie wird ein Unsicherheitsfaktor werden. Vielleicht der Umstand, der alles zum Kippen bringt. Darauf hoffen wir. Darauf und auf dich.«
Es war eine lange Rede gewesen, aber sie verfehlte ihre Wirkung nicht. Brenda hatte die Worte in sich aufgenommen, sie hallten in ihr nach. Die ihr zugedachte Rolle war ihr plötzlich klar.
»Wo werde ich eingesetzt?« fragte sie.
»Du kannst nein sagen, du kannst...«
»Unsinn. Wo werde ich eingesetzt?«
»In der Registratur. Diese Abteilung besorgt auch die interne Postverteilung. Du hast eine Aufgabe, bei der du durch das ganze Haus kommst. Niemandem fällt es auf, wenn du da oder dort auftauchst.«
Brenda lächelte. Sie hatte schnell kapiert. Wieder überkam sie jenes Gefühl, das sie als Jagdfieber bezeichnete.
»Ich kann ihn kontrollieren. Ich kann auch die Post kon-

trollieren, die er wegschickt. Ich kann sie mitnehmen und öffnen, ich kann sie kopieren und erst einen Tag später weiterleiten. Wer merkt das schon.«

»So ist es.«

Im Überschwang der Gefühle dachte sie nicht daran, daß er die Post auch von zu Hause wegschicken konnte. Und da hatte Brenda keine Möglichkeit.

»Paß gut auf Walder auf«, sagte der Mann von der ungarischen Botschaft. »Es tut sich zwar nichts, aber das heißt nicht, daß sich wirklich nichts tut.«

Bela Koss nickte. Zuerst die Arbeit, dann das Vergnügen. Nun ja, wenn es sein mußte. Nur nicht mehr weg von hier. So schön wie hier würde er es nie mehr haben. Dann halt arbeiten, wenn es sein muß. Er würde schon darauf achten, daß das Vergnügen nicht zu kurz kam.

War auch er ein Unsicherheitsfaktor, ohne daß er sich dessen bewußt war?

Der Mann von der Botschaft versuchte, alle Möglichkeiten einzukalkulieren, obwohl das noch nie möglich gewesen war. Aber jeder hoffte, daß es dieses Mal möglich wäre.

Er dachte vor allem daran, was 1988 in der Bundesrepublik Deutschland passiert war. Eine Affäre unter vielen, so schien es im ersten Augenblick, aber wenn man die Lehren daraus zog, konnte man sagen, daß sie einmalig gewesen war.

Da hatte ein ehemaliger Sergeant der amerikanischen Armee über Mittelsmänner in Schweden eine Menge Material an den ungarischen Geheimdienst geliefert. Eine Sache, die in der Öffentlichkeit kaum bekanntgeworden war, obwohl es sich um etwas Einzigartiges gehandelt hatte.

In der Bundesrepublik Deutschland war mit einigem Erstaunen festgestellt worden, daß ausgerechnet der ungarische Geheimdienst in dieser Angelegenheit eine zentrale Rolle gespielt haben sollte. Normalerweise trieben vor allem der Geheimdienst der DDR und der sowjetische KGB Militärspionage gegen die Bundesrepublik.
Daß der deutsch-schwedisch-ungarische Spionagering auch eine Verbindung in die Schweiz gehabt hatte, wurde vermutet, aber nie bewiesen. Jedenfalls wurde es in der Öffentlichkeit nie bekanntgegeben.
Als man die Leute in Schweden geschnappt hatte, waren Funkgeräte, Chiffriermaschine und verschiedenes anderes geheimdienstliches Material sichergestellt worden. Alle Beteiligten waren gleichzeitig festgenommen worden, doch war nicht auszuschließen, daß noch weitere Personen mit den Festgenommenen gearbeitet hatten. Als Kuriere beispielsweise oder als Depotstellen, wo Mitteilungen hinterlegt werden konnten. Sie waren nie bekanntgeworden, weil sie niemand erwähnt hatte. Und weil sie die engsten Vertrauten der Hauptbeteiligten gewesen waren.
Sie konnten also jederzeit wieder eingesetzt werden. Das war für Matus klar. Und wenn man es geschickt anstellte, konnten sie lange eingesetzt werden.
Und noch eines hatte sich Matus gemerkt. Die begangenen Fehler würde er nicht auch begehen. Schließlich sollte man aus Fehlern lernen.
Die Leute um Matus, die dieses Unternehmen gestartet hatten, die ihren Idealen verpflichtet waren und jede Öffnung nach Westen ablehnten, waren aufs neue schockiert, als die österreichisch-ungarische Grenze aufgemacht wurde. Sie erschraken, und es bestärkte sie in ihren Zie-

len. Das Unternehmen »Feuervogel« war nur ein Punkt in einem großen Plan. Und dieser Plan bezweckte nichts anderes als die Rückkehr an die Macht, um alles wieder einzuführen, was ihnen richtig erschien.
Darum fühlten sie sich auch freundschaftlich verbunden mit den Leuten in der DDR. Darum war Bela Koss, der aus der DDR stammte und eigentlich Kurt Jaga hieß, der ideale Mann. Aber man mußte ihn im Auge behalten. Und man mußte ihm sagen, er solle vorsichtig sein und alles genau beobachten.
»Also paß gut auf«, sagte der Mann von der ungarischen Botschaft wieder. »Du hältst Kontakt mit ihnen, und du meldest sofort, wenn es Probleme gibt.«
Er ließ den Satz verhallen, und plötzlich grinste er. »Walder muß so lange wie möglich tätig sein«, meinte er mit einem ernsten Unterton. »Uns wäre es am liebsten, wenn er so lange tätig wäre, bis er pensioniert wird. Er bekäme eine Rente, die von den Schweizern bezahlt würde, und er würde immer noch für uns arbeiten. Das wäre die alte Tradition.«
Bela Koss grinste, ohne sich dabei große Mühe geben zu müssen. Das alles wäre ihm nur recht. Angenehmer konnte es für ihn nicht mehr werden.
Aber da wollten also zwei gegenteilige Interessengemeinschaften, daß Walder so lange wie möglich tätig wäre. Und jeder glaubte, das nütze ihm am meisten.
Bis einer kam, der da anderer Meinung war oder dem das nicht paßte. Oder einer, der eine gegenteilige Auffassung hatte.
Zum Beispiel Brenda.
Oder Barkosc, der hatte zwar keine gegenteilige Auffassung, aber er hatte Angst. Und das war ein Faktor, dessen Auswirkungen niemand bestimmen konnte.

Das Flugzeug war voll von Touristen. Sie genossen jede Minute über den Wolken, wo die Freiheit grenzenlos war. Die Verpflichtungen und der Alltag auf dem Boden hatten sie noch früh genug.
In der Maschine der ungarischen Fluggesellschaft Malev saß auch ein Mann. Er hatte streng nach hinten gekämmtes Haar, seine Augen sahen aus wie trübes Eis. Er war schlank, und zwar so, daß man ihn auch als mager bezeichnen konnte. Er hatte ein unangenehmes Gesicht, aber die Touristen, die den Tokajer und den Aprikosenschnaps, den sie noch eingekauft hatten, kreisen ließen, hatten gar nicht bemerkt, daß außer ihnen noch jemand an Bord war.
Die Männer betrachteten nur eine Hosteß, die in einem engen Rock und einer offenen Bluse durch den Gang ging. Sie hatte dichtes, strohblondes Haar, das zu einem schweren Zopf geflochten war, und wenn sie ging, schoben sich die Pobacken langsam vor und zurück, und auch die Männer, die Begleiterinnen hatten, hielten kurz den Atem an und schauten länger hin. Die Frau hatte Charme und Sex. Eine Seltenheit.
Und die Männer, die den Tokajer und den Aprikosenschnaps bereits genossen hatten, machten ab und zu Bemerkungen, die frivol sein sollten. Die Hosteß quittierte diese manchmal mit einem Augenzwinkern. Erst wenn sie in der Küche war, schnitt sie Grimassen.
Der magere Mann mit dem streng nach hinten gekämmten Haar war der Frau mit dem Zopf dankbar, auch wenn er ihr Tun ein bißchen mißbilligte. Schließlich lenkte die Frau die Aufmerksamkeit der Passagiere auf sich. So fiel er nicht auf.
Denn das wäre ihm mehr als nur peinlich gewesen, dem Mann, der Barkosc hieß.

Als sie in Zürich landeten, war er einer unter vielen. Hätte man jemanden gefragt, niemand hätte den Mann mit dem unangenehmen Gesicht bemerkt.

Zu diesem Zeitpunkt hatte Walder gerade aufgeschrieben, was er herausgefunden hatte. Zuerst hatte ihm das Dechiffrieren einige Mühe gemacht, aber als er dann die Mitteilung lesen konnte und verstand, daß sie nach einer gewissen Brenda suchen sollten, war er erleichtert. Jetzt kannte er die Aufgabe, aber dennoch fühlte er sich, als stehe er vor einer Mauer.

Wo sollte man brauchbare Informationen bekommen, ob sich diese Brenda in Zürich aufhielt?

Er fragte Bela Koss: »Kennst du eine Brenda?«

Bela Koss versteifte sich. Er runzelte die Stirn, und aus seiner Stimme klang ein aggressiver Unterton. »Was soll das heißen, ob ich eine Brenda kenne?«

Er bezog die Frage auf sich persönlich, er glaubte, seine Frauengeschichten seien gewissen Leuten ein Dorn im Auge. Was für Frauen — und wie viele — er in sein Bett mitnahm, war eine Sache, die Aufgabe, die er zu erledigen hatte, die andere. Also sollte man bitte schön nicht alles in einen Topf werfen.

»Barkosc fragt an«, sagte Walder. Mit dem Deutsch klappte es noch nicht ganz, obwohl er bereits große Fortschritte gemacht hatte. »Er will wissen, ob die Frau hier in Zürich ist.«

Bela Koss hatte den Namen Brenda noch nie gehört, es war ihm nicht aufgefallen, daß eine neue Person in Zürich aufgetaucht sein sollte, die eine solche Aufmerksamkeit verdiente, und so sagte er nach einigem Zögern mit gutem Gewissen: »Kannst du vergessen.«

Walder wollte es aber nicht vergessen. Informationen, die man nicht überprüfen konnte, waren immer ein Risiko.
»In jedem Land gibt es Ausländer, die sich in bestimmten Restaurants treffen«, sagte Walder. »Sie pflegen dort Kontakte mit ihren Landsleuten, sie haben dort ein Stückchen Heimat.«
»Vergiß es«, sagte Koss wieder.
Aber Walder wollte noch immer nicht nachgeben, und er durfte es auch nicht. Er schrie Bela Koss an. »Verdammt noch mal, du sagst mir jetzt, wo ich . . .«
Das genügte. Koss war mehr als einmal angeschrien worden. Er wußte, was es zu bedeuten hatte.
»Geh doch einmal . . .«
So gingen Georg Walder und Christine hin. Sie trafen alle, die in diesem Unternehmen wichtig waren. Sie trafen Victor Roth und Ilona, sie trafen die vielen Exilungarn, die ihre Heimat nicht vergessen konnten, sie trafen auch Karel Barth und den Mathematiker. Und sie trafen Brenda.
Und das war der Anfang vom Ende.

Klingeln bedeutet meistens eine Überraschung. Walder erging es nicht anders. Er erwartete niemanden. Vor allem nicht einen Mann, der eigentlich nie hätte hier auftauchen dürfen und der ihnen unangenehm war.
»Tag«, sagte Barkosc. Er sagte es auf deutsch. Es gehörte zu den wenigen Worten, die er konnte.
Christine schluckte. Sie hatte die Tür geöffnet. Barkosc war nach Zürich gekommen, und daß das bei einem Unternehmen wie diesem kein reiner Höflichkeitsbesuch war, war ihnen klar.
Es vergingen zwei Sekunden, bis Christine das in sich

aufgenommen hatte — und dann erschrak sie zutiefst. Barkosc war nach Zürich gekommen! Er, der nichts anderes hätte tun sollen, als im Hintergrund zu bleiben. Er hatte sich einem hohen Risiko ausgesetzt. Er hatte etwas getan, was das ganze Unternehmen gefährdete. Es muß eine Notsituation vorliegen. Christines Herz wurde schwer. Etwas ging daneben oder war im Begriff, danebenzugehen. Schon nach zwei Monaten.

Christine konnte es nicht fassen. Sie brachte kein Wort hervor.

Barkosc fragte: »Ist Varös da?«, aber im gleichen Moment wurde ihm bewußt, daß er den Namen Varös gar nicht aussprechen durfte.

»Wo ist Walder?«

»Komm herein«, murmelte sie.

Walder stand gleich hinter der Tür, als habe er nur abwarten wollen, um was es sich handelte. Er hatte nicht einmal Zeit gehabt, sich zu überlegen, ob das Erscheinen von Barkosc etwas Gutes oder eine Katastrophe bedeutete.

Walder und Barkosc standen sich gegenüber. »Was ist los?« fragte Walder. Sein Ton war ungehalten, ganz anders als in Budapest.

»Hast du meine Mitteilung bekommen?«

»Ja.«

»Und?«

»Was und?«

»Wo ist Brenda?« fragte Barkosc. Er stellte die Frage sehr leise und war überhaupt nicht ungehalten. Walder wunderte sich. Barkosc hatte nicht gefragt, ob sie hier sei.

»Sie ist tatsächlich in Zürich«, sagte Walder. »Ich hätte es nicht für möglich gehalten. Woher hast du es gewußt?«

Barkosc sagte nicht, daß er es gar nicht gewußt hatte. Es war nur eine Frage gewesen, aber jetzt hatte er die Antwort bekommen.
»Wo wohnt sie?«
Walder sagte es ihm.
Und das war bereits mehr als der Anfang vom Ende.

Es dauerte einen ganzen Monat, bis die Gelegenheit günstig erschien, und den ganzen Monat war es, als sei Barkosc wie vom Erdboden verschwunden. Aber im entscheidenden Moment war er da.
Am ersten Tag begleitete Karel Barth Brenda zu ihrer neuen Arbeitsstelle, danach fuhr sie allein. Das war ein Fehler. Aber auch Barkosc machte einen Fehler. Er achtete zuwenig auf Barth, ihm war nur Brenda wichtig. Sie war seine Beute. Er hatte nicht damit gerechnet, daß noch jemand auf diese Beute ein Auge geworfen hatte.
Barkosc fuhr den Weg, den Brenda täglich zurücklegte, er achtete auf die Zeiten, er notierte, wann Brenda das Haus verließ, was sie in der Mittagszeit machte, wann sie abends nach Hause fuhr und auf welchen Wegen. Und er beobachtete, ob sie es regelmäßig machte oder ob es Ausnahmen gab.
Schließlich hatte er alles beisammen, was er seiner Meinung nach brauchte, um einen Plan zu machen. Und weder die Walders noch sonst jemand hatte eine Ahnung, wo Barkosc sich während dieser Zeit aufhielt.
Barkosc war sich darüber im klaren, daß Brenda geredet hatte, wenn sie eine Gelegenheit dazu gehabt hatte, was er annahm. Der Schaden war also bereits angerichtet.
Aber es gab noch einen anderen Gesichtspunkt. Wenn

ein Schaden nicht mehr gutzumachen war, mußte man wenigstens versuchen, einen Denkzettel zu verpassen. Und zwar einen deutlichen. Genau das hatte Barkosc vor.

Victor Roth war am Verzweifeln. Diese Brenda, von der er gehört hatte, die mußte ihn doch zu etwas hinführen. Aber er stieß nur auf eine Firma, die jede Menge Ausländer beschäftigte, und das brachte ihn nicht weiter.
»Seit ich dich kenne«, stellte Ilona mehr resigniert als erbost fest, »habe ich den Eindruck, daß du etwas suchst. Ich kann es nicht sein, denn mich hast du ja. Warum bist du denn so unruhig, mein Lieber?«
Roth hätte ein Vermögen dafür gegeben, wenn er die Antwort gewußt hätte. Wohl hatte er tausend Antworten parat, aber keine war zufriedenstellend. Es kitzelte ihn an allen Ecken und Enden, aber was ihn eigentlich kitzelte, das wußte er nicht.
In Gedanken versuchte er so etwas wie eine große Skizze zu erstellen, auf der alles eingezeichnet war, was ihn beunruhigte. Es war ein Durcheinander von Kreuzen und Strichen, einem Spinnennetz ähnlich, aber die Fäden führten nirgendwo hin. Zumindest, das wurde ihm jetzt klar, war er nicht die Spinne, die auf die Opfer wartete.
Er hatte jede Menge Namen und Personen, er setzte sie in die Ecken und auf die Fäden, aber alle schienen nur zu warten und zu beobachten, niemand wollte zupacken. Jedenfalls schien es ihm so. Oder täuschte er sich?
Er spürte Ilonas Körper, ihre Haut, ihre Formen und ihre Hände, aber sie ließen nichts zurück. Es war, als sei sie gar nicht vorhanden.
Nach einiger Zeit stand sie auf. Sie sagte kein Wort. Sie

kleidete sich an und ging hinaus. Roth machte keine Bewegung, um sie zurückzuhalten.
Roth wollte U anrufen. Er sah sich und seine Tätigkeit gefährdet. Er ließ es bleiben. Er fühlte sich wie gelähmt. Es schien, als bewege sich gar nichts, und doch glaubte Roth, daß alles in Bewegung sei. Er lag auf dem Bett, aufgewühlt und unfähig, irgend etwas zu tun.

»Was?« schrie Bela Koss. Sein Schreien kam ihm ungebührlich vor, aber er konnte es einfach nicht fassen. Waren die Leute denn noch bei Trost?
»Brenda ist nicht zurückgekommen«, sagte der Mann von der ungarischen Botschaft in Bern. Seine Stimme war so hoch wie immer, hörte sich aber noch weibischer an, weil er aufgeregt war. »Sie ist nicht ...«
»Ja, das weiß ich doch schon. Ich ...«
»Sie hat einen längst fälligen Urlaub genommen, ist nach Wien gefahren und seitdem wurde sie nicht mehr gesehen«, fuhr der Mann unbeirrt fort, als habe er Bela Koss' Einwand nicht gehört. Wahrscheinlich hatte er ihn tatsächlich nicht gehört.
»Brenda ist in Zürich«, sagte Koss leise, und er sagte es leiser als beabsichtigt. Er hatte plötzlich Angst. Da war doch etwas danebengegangen. Es gab keinen Zweifel. Die Aktion war zu groß geworden. Sie hatte die berüchtigte Eigendynamik entwickelt, vor der sich jedermann fürchtete. Und wer wußte, wohin sie führte? Fraß die Aktion ihre eigenen Kinder?
Gehörte Jaga mit dem Namen Bela Koss etwa auch dazu? Ließ man die Leute fallen, die alles daran gesetzt hatten, daß die Aktion glatt ablaufen würde? Hatte er sich womöglich dummen Anfängern verschrieben?

Koss lief ein Schauder über den Rücken. Hier zu verlieren, das war nicht wie bei einem Fußballspiel. Hier war man entweder auf der Sonnenseite oder in der Müllgrube.
Etwas Ähnliches wie Panik überfiel Koss. Er saß da und konnte sich nicht rühren. Aber er wußte, daß er etwas tun mußte. Das große Dilemma war nur, daß es das Falsche sein könnte, ganz egal, wo er auch beginnen würde.
Er kam sich vor wie in einem Spinnennetz. Gefangen und doch beobachtend, wissend, daß etwas zu tun war, aber ratlos, was es sein könnte.
Er war nicht der einzige.

Barkosc war nervös. Er mußte eine Entscheidung fällen. Er mußte festlegen, was mit Brenda geschehen sollte. Die Idee, ihr einen Denkzettel zu verpassen, schwirrte ihm genauso im Kopf herum wie die Möglichkeit, sich so zu verhalten, als sei er gar nicht vorhanden.
Im letzteren Fall würden sich die anderen in Sicherheit wiegen und sie sähen sich veranlaßt, den nächsten Schritt zu tun. Den Schritt, der sie verraten würde.
Das hieß im Klartext: Sollte er etwas gegen Brenda unternehmen oder nicht? Wenn ja, dann mußte Brenda diesen Planeten für immer verlassen.
Nichts unternehmen, das kam nicht in Frage. War er denn hergekommen, um nichts zu tun?
Er hatte mit dem Mann von der ungarischen Botschaft in Bern alles bestens vorbereitet. Barkosc hatte von ihm Informationen erhalten, wo sich außerhalb der Stadt Zürich gute Hotels befanden, wie man am besten dorthin kam, vor allem mit den öffentlichen Verkehrsmitteln, und wie weit es bis zum Flughafen war.

Unter Umständen mußte er innerhalb kürzester Zeit verschwinden. So war es nicht verwunderlich, daß er genau wußte, wann die ungarische Fluggesellschaft Malev von Zürich nach Budapest flog.
Barkosc wußte, daß er nicht mehr allzulange warten durfte und daß er sich keinen Fehler erlauben durfte. In eine Polizeikontrolle zu geraten, käme einem Fiasko gleich. Und wenn er in der Straßenbahn ohne Fahrschein überrascht würde, wäre das, verbunden mit der Notierung seiner Personalien, bereits ein unverzeihliches Auffallen.
Deshalb kannte er genau die Fahrpreise der Kurz- und Langstrecken in der Straßenbahn. Alle diese Einzelheiten hatte Bela Koss zusammengetragen, ohne zu wissen, für was diese blöde Arbeit, wie er sie nannte, gut sein sollte.
Wie gut so etwas war, merkte man immer erst dann, wenn man Informationen nicht hatte, und sie benötigte.
Oftmals waren es gerade die kleinen und als unwichtig eingestuften Details, die eine Aktion zu Fall bringen konnten. Barkosc atmete tief durch. Er hatte alle Einzelheiten. Er konnte beruhigt sein. Also schritt er zur Tat.
Fünf Tage lang lauerte er ihr auf. Dann trafen alle Faktoren zusammen, die für ihn Voraussetzung waren.

Karel und der bärtige Mathematiker hatten Bekannte getroffen. Es galt zu diskutieren, was davon zu halten war, daß die österreichisch-ungarische Grenze aufgemacht worden war, und was davon zu halten war, daß Imre Nagy und Pal Maleter aus der Anonymität feierlich exhumiert wurden und ebenso feierlich nach einer groß angelegten Gedenkveranstaltung auf dem Heldenplatz in Budapest wieder — eher symbolisch — beigesetzt wurden.

Die wichtigsten Figuren des Ungarnaufstandes von 1956 waren von einem Tag auf den anderen wirkliche Helden geworden.

Karel und der Mathematiker hatten es schon immer gewußt. Einmal kam die Wende. Jetzt war sie da. Sie waren auf dem richtigen Weg. Die Ereignisse hatten sie plötzlich nach oben geschwemmt.

Dachten sie.

Jemand dachte anders.

Brenda kam sich alleine vor. Sie freute sich über die Ereignisse, sie glaubte, daß alle Mühe endlich ihren verdienten Lohn gefunden hatte, und sie dachte nur noch selten an ihre frühere Heimat. Vor allem hatte sie kein Heimweh. Sie hatte etwas für diesen Umschwung getan.

Die kleine Wohnung kam ihr groß und leer vor, es war kaum etwas zu essen da, also was sollte sie hier?

Brenda nahm sich vor, ebenfalls zu feiern. Still und allein, aber sie wollte etwas Besonderes tun.

Sie wollte ein gutes Essen und einen guten Wein, und sie war nun überzeugt, daß die Fremde eine Heimat geworden war. Nach dem Essen ging sie in eine kleine Bar, wieder ganz allein und froh, mit niemandem reden zu müssen. Sie wollte einfach die Stille und die Gewißheit genießen, daß das, was negativ gewirkt hatte, positiv geworden war.

Sie ging beschwingt aus dem Lokal und freute sich, daß Karel bald nach Hause kommen würde, sie streifte dabei einen Mann, der auf dem Bürgersteig stand oder ging, so genau achtete sie nicht darauf, sie summte sogar ein Lied, aber sie verstummte, als habe man ihr die Luft abgedreht, als eine Männerstimme auf ungarisch sagte: »Guten Abend, Brenda.«

Christine hatte sich schneller eingelebt, als sie geglaubt hatte. Manchmal konnte sie es beinahe nicht fassen, wie fahrlässig Informationen auf den Schreibtischen der sogenannten Sachbearbeiter liegengelassen wurden. Entweder, so sagte sie sich, hatten die Leute keine Ahnung, was sie herumliegen ließen, oder sie dachten nicht daran, daß sich jemand dafür interessieren könnte.

Schon nach kurzer Zeit hatte sie sämtliche Verwaltungsratsmitglieder des Unternehmens notiert, kannte die Adressen und die familiären Verhältnisse.

Sie hatte aber nicht nur das notiert. Es gab Dinge, die ihr wichtig und solche, die ihr unwichtig erschienen, doch sie sagte sich, so wie sie es gelernt hatte, daß jemand anders entscheiden mußte, was wichtig oder unwichtig war. Darum schrieb sie alles fein säuberlich auf.

Und da sie nicht glaubte, daß noch jemand da war, dem alles wichtig war, fiel ihr nicht auf, daß auch Brenda, die sie nicht kannte, in diesem infamen Spiel ein immenser Machtfaktor war.

Walder hatte seinerseits allmählich jene Schritte vorbereitet, die ihm eingetrichtert worden waren. Einer davon war der Beitritt zum Tennisklub der Firma.

Er spielte gut, denn er hatte schon in Budapest Tennis gespielt, und er spielte so gut, wie er eigentlich nicht hätte spielen dürfen.

Und nach einem schweißtreibenden Spiel sagte ein

Mann, den er vorher nie richtig beachtet hatte: »Sie haben das Zeug zu mehr.«
Das waren die einzigen Worte. Erst als Walder geduscht hatte und gerade sein Racket einpackte, merkte er, daß es nicht sein eigenes war.
Er stand da und schaute in eine Ecke der Umkleidekabine. Walder vergaß sogar, seine Haare richtig abzutrocknen. Er konnte nicht mehr klar denken.
Doch dann erinnerte er sich ganz plötzlich. Er drehte am Griff des Rackets, als er Stimmen hörte, die vom Eingang her kamen. Walder wurde nervös. Er versuchte hastig, den Schläger wieder zuzuschrauben, aber das Gewinde griff nicht mehr. Das mit Isolierband umwickelte Stück Holz fiel zu Boden.
In diesem Augenblick betraten zwei Männer die Umkleidekabine. Sie blieben stehen.
»Ja, sag einmal«, meinte der eine, der volles Haar und einen mächtigen Schnurrbart hatte, »bist du so wütend, weil du verloren hast, daß du dein Racket kaputtmachst?«
Walder war noch nicht abgebrüht genug, um völlig ruhig zu bleiben, dennoch faßte er sich erstaunlich schnell.
»Du hast recht«, sagte er. »Es ist wirklich blödsinnig, was ich hier mache.« Schnell, aber nicht zu schnell warf er den Griff und das Racket in seine Tasche. Niemand hatte etwas bemerkt. Im Freien, die Dämmerung brach bereits herein, machte er seine Tasche auf.
Er schüttelte den Griff. Ein kleines Stück Papier fiel heraus. »Alles okay«, stand darauf. »Wenn Sie eine Mitteilung zu machen haben, die niemanden was angeht — der Griff des Rackets ist immer hohl.«
Walder hatte den Mann noch nie zuvor gesehen. Er

wußte nicht, wer er war, wo er arbeitete oder wie er hieß. Aber er kannte offensichtlich Walder.
Er war also doch nicht so allein, wie man gesagt hatte. Wenn es hart auf hart ging, hatte er Helfer. Er wurde aber auch kontrolliert. Doch das schien ihm nicht so wichtig.
Walders Nervosität verschwand, als habe es sie nie gegeben. In seinem Rücken hatte er eine Mannschaft, auch wenn er sie nicht kannte.

9

Brenda hatte ein Gefühl, als fiele sie aus einem weichen Bett auf den harten Boden. Die Fremde, die doch eine Heimat geworden war, war nichts anderes als eine trügerische Falle. Nirgendwo gab es Sicherheit.

Sie starrte dem Mann ins Gesicht, und ihr war, als sei sie gar nicht in der Schweiz, sondern in Ungarn, als sei sie gar nicht geflohen. Man konnte sie also überall einholen.

Es durfte doch nicht wahr sein, daß dieser Mann sich hier bewegte, als sei er in dieser Stadt zu Hause, als gäbe es nirgendwo Schutz. Sie kannte Barkosc, zu oft war er bei Matus gewesen, und jetzt war er hier, als existierten keine Grenzen und keine Entfernungen.

»Komm, Brenda«, sagte er leise. Zwei Finger seiner rechten Hand packten sie hinter dem Ellbogen wie Stahlklammern, wie Handschellen, die nach hinten gerutscht waren.

Es gab keine Drohung, und sie wurde nicht geschlagen, und doch machten allein diese beiden Finger klar, wie verloren sie war. Sie schienen die Ausweglosigkeit zu demonstrieren, in die sie geraten war. Sie brauchte nur zu warten, bis ihr der Todesstoß versetzt wurde. Sie wartete sogar darauf, daß Barkosc ihr das sagte.

Er sagte nichts.

Er machte etwas anderes.

»Ja«, sagte er leise, während er sie mit sich führte, oder besser sie mit diesen zwei Fingern an sich band, »die Welt ist klein. So begegnet man sich also wieder.«

Barkosc benutzte absichtlich abgedroschene Phrasen. Merkwürdigerweise machten gerade diese Worte das Ganze zu einer Drohung.
»Warum bist du uns denn untreu geworden?« fragte er.
Brenda vermochte keine Antwort zu geben. Sie fragte sich, ob Karel Barth, überhaupt ihre Freunde, nach ihr suchen würden, wenn sie nicht nach Hause käme.
»Hast du uns verraten, Brenda?«
Noch immer blieben ihr die Worte im Hals stecken.
Mit einem kurzen Ruck dieser zwei stählernen Finger zog er sie hart an sich. Er spürte ihre Schenkel, ihren Bauch und ihre Brüste, und er wollte, daß sie merkte, wie sehr er das alles spürte.
»Ich weiß noch nicht, was ich mit dir mache«, sagte er leise. »Vielleicht weiß ich es aber doch. Was meinst du, was es sein könnte?«
Er wollte Sex, das war ihr jetzt völlig klar, und sie würde es tun und ihn verabscheuen und dauernd Karel Barth um Verzeihung bitten. Sie würde alles mitmachen und sich die ganze Zeit überlegen, wie sie ihn umbringen könnte.
»Hast du uns verraten, Brenda?« fragte er wieder.
»Nein«, stammelte sie und hob die Arme vor das Gesicht. Das mußte ihn provozieren. Je schneller es geschah, desto schneller hatte sie es hinter sich.
»Nein?«
Sie schüttelte den Kopf.
»Warum bist du dann abgehauen?«
Sie schwieg.
»Die Liebe, nicht wahr?« meinte Barkosc mit einem schiefen Lächeln. »Wenn es nur das ist . . . Dann kann ich ja beruhigt nach Hause fahren.«

Er ließ sie abrupt los, so abrupt, daß sie gegen die Hausmauer fiel. Sie war verwirrter denn je. War das alles?

Es war nicht alles.
Zuerst in Todesangst, und dann von einer Sekunde auf die andere frei. Das konnte es nicht sein. Und doch war Barkosc verschwunden. Sie lauschte seinen Schritten. Sie hörte nichts.
Und plötzlich wußte sie, was er mit ihr trieb. Es war fast schlimmer als vergewaltigen.
Barkosc hatte sich lange überlegt, was er tun sollte. Fern der Heimat hatte er mit einem Mal ein merkwürdiges Gefühl verspürt. Er war unsicher geworden. Er hatte an seiner Ideologie gezweifelt. War es richtig, was er tat? Überall, außer in China, schritt im Osten die Demokratisierung voran. Er war dagegen, er und die vielen Leute, die so dachten wie er.
Aber diese kurze Verunsicherung ging sehr schnell vorüber. Er war durch und durch Kommunist, wie konnte er bloß Zweifel bekommen. Er schämte sich deswegen.
Und plötzlich wußte er auch, was mit Brenda geschehen sollte.
Die Strafe durfte nicht schnell und radikal erfolgen. Nur langsam und radikal. Aber radikal ganz sicher. Die Strafe mußte darin bestehen, daß sie Todesangst ausstand, eine solche Todesangst, daß sie kaum auszuhalten war — und dann die große Befreiung.
Sie war trügerisch, und das war beabsichtigt. Nach der Erleichterung käme der Schreck mit doppelter Stärke. Auch das war so vorgesehen.
Die Nacht war nicht nur von einer undurchdringlichen Finsternis, sie war auch drohend. Wer nichts zu befürch-

ten hat, für den ist die dunkelste Nacht lieblich und irgendwie romantisch. Aber für den, der in Angst lebt, ist sogar die Sonne dunkel.

Barkosc war verschwunden, doch für Brenda war klar, daß er nicht weggegangen war und daß er auch nicht bald nach Hause fahren würde. Er stand irgendwo in der Dunkelheit und lauerte ihr auf. Und die Angst wurde mit einem Mal riesengroß. Er wollte sie nicht vergewaltigen. Er wollte sie lange und empfindlich leiden lassen. Nicht körperlich, sondern seelisch.

Wo stand er? Sollte sie nach links oder nach rechts ausweichen? Stand er überhaupt irgendwo, ließ er sie absichtlich im ungewissen? Er überließ ihr den ersten Schritt. Und die Möglichkeiten standen fünfzig zu fünfzig, daß sie das Falsche tat.

Plötzlich hörte sie Schritte. Oder war es irgendein anderes Geräusch? Nein, Schritte. Und sie kamen näher. Und sie kamen auf sie zu.

Und da wurde ihr bewußt, daß er nicht ihr den ersten Schritt überließ. Er wollte ihr angst machen.

Wie im Film schien es, als seien in diesem Augenblick nur sie auf der Welt. Keine Menschenseele kam durch diese enge Gasse, niemand wollte Barkosc daran hindern, sein Werk zu vollenden.

Brenda nahm allen Mut zusammen und schrie. Sie holte Luft und schrie noch mal. Der Schrei stieß sich an den Hausecken und zerflatterte. Brenda hatte das Gefühl, als sei sie wirklich allein. Der Schrei bröckelte ab wie ein entferntes Lachen. Er klang überhaupt nicht gefährlich.

Mehr als daß sie es sah, spürte sie Barkosc neben sich.

Ilona hatte zu Roth noch gesagt, sie glaube, Roth sei in irgendwelche dubiose Machenschaften verwickelt. »Wenn du in Schwierigkeiten bist, dann sag es mir. Es ist zwar nicht das, was ich mir erträumt habe, aber ich halte zu dir. Das weißt du.«
»Vergiß es.« Wie leicht sich doch diese Floskel formulieren ließ.
»Ich vergesse nie etwas.«
Das war schlecht. Es gab so vieles, was Ilona vergessen sollte.
»Manchmal glaube ich«, hatte sie gesagt, »daß du einen von diesen komischen Posten bei der Polente hast, von denen niemand etwas erfahren darf. Man hört so allerlei. Und denke daran, meine Eltern waren Flüchtlinge. Da ist man empfindlicher, als es die Natur für einen Menschen vorgesehen hat.«
Roth hatte den Kopf geschüttelt. »Bei der Polente, bist du denn von allen guten Geistern verlassen? Bloß das nicht.«
Er sagte es nicht überzeugend genug. Er wußte ja, daß sie recht hatte.
Es gab ihm zu denken. Es mußte etwas geschehen. Er rief U an.
»Ich will aussteigen«, sagte Roth.
»Du kannst nicht.«
»Es bringt nichts. Wir haben auf das falsche Pferd gesetzt.«
Wie alle wichtigen Leute in diesem Metier, war auch U einer, der mit allen Wassern gewaschen war. Er sah plötzlich klar.
»Ist man dir auf der Spur?«
»Vielleicht«, antwortete Roth.

»Vielleicht heißt wahrscheinlich«, konstatierte U aus Erfahrung. Er nahm es ganz ruhig auf. Er hatte schon andere Stürme überstanden.
»Provoziere etwas«, befahl U. Auch diese Entscheidung fällte er aus langer Erfahrung. »Bringe etwas in Bewegung. Mach Terror. Das gibt Aufruhr. Wir können uns immer schützen. Die Polizei hat genug Erfahrung im Vertuschen. Aber halte dich von den Journalisten fern. Die freuen sich nämlich, wenn Dreck aufgewirbelt wird.«
»Was soll ich denn provozieren?« schrie Roth.
»Ich bin nicht in Bedrängnis«, sagte U salbungsvoll, legte auf und ließ Roth allein.
Und als Ilona längst gegangen war, begann Roth nach der schwächsten Stelle zu suchen. Es war immer am leichtesten, dort anzufangen. Dann konnte man in Ruhe zusehen, was herauskam. Und die schwächste Stelle war Brenda.

»Ich habe es mir anders überlegt«, sagte Barkosc. Zuerst war es nur so etwas wie ein Luftzug gewesen, der durch die Gasse flirrte, dann war es real geworden, eine Drohung und eine Gefahr.
Wieder drängte er sich an sie, genau wissend, daß diese Berührung sie abstieß und ängstigte.
»Ich weiß, daß du uns verraten hast«, sagte er fast freundlich. »Überall, wo eine Kette ist, bricht unter Belastung irgendwann das schwächste Glied auseinander. Ich hatte aber nicht gedacht, daß du das sein wirst.«
Nach einer kurzen Pause fuhr er fort: »Du hast eine große Bewegung kaputtgemacht. Daß so etwas bestraft werden muß, siehst du doch ein, oder?«
Ein bißchen hatte sie sich gefaßt.

»Ja«, murmelte sie, »bringen wir es hinter uns. Komm zu mir.«
Sie dachte wieder an Sex. Mit einer Frau zu schlafen, bedeutete für viele Männer immer noch, sie auch zu besitzen. Das war auszuhalten, sagte sich Brenda. Soll er seinen Willen haben. Das ging vorbei.
Plötzlich hallten Schritte von den Wänden. Es gab noch eine Gerechtigkeit. Da kam Rettung in höchster Not. Brenda stieß erleichtert die Luft aus. Barkosc war von einer Sekunde auf die andere auf der Verliererseite.
Brenda sog die Luft mit einem scharfen Geräusch ein. Es klang wie ein Stöhnen. Es war fast ein Schmerz, der sie durchfuhr.
Barkosc hatte seine Hände um ihren Hintern gelegt und sie hart an sich gezogen. Sie bog ihren Rücken durch, und sie mußte sich festhalten, um nicht nach hinten zu kippen.
Seine Lippen waren nahe an ihrem Ohr.
Zwei Männer kamen durch die Gasse. Sie kicherten und machten obszöne Bemerkungen. Zwei, die es nicht erwarten konnten. Vielleicht hatten sie kein Zimmer.
Alles andere als eine Hilfe.
Auch sie dachten an Sex, wo es um Leben oder Tod ging. Wie nahe das in diesem Augenblick war.
Und wieder täuschte sich Brenda. Barkosc wollte keinen Sex, obwohl es so aussah.
Seine Hände lösten sich plötzlich, als die Schritte in der Gasse verklangen.
Die plötzliche Freiheit irritierte sie noch mehr. Brenda blieb stocksteif stehen.
Barkosc nahm ihre Hände. »Du kommst jetzt mit nach Hause. In deine und meine Heimat, meine ich. Dort wol-

len wir in Ruhe darüber reden, was du gemacht hast. Wir müssen es wissen. So können wir vielleicht den Schaden in Grenzen halten. Das siehst du doch ein. Also komm, gehen wir.«
Nicht mehr an ihn gepreßt, erwachte ihr Widerstand. »Nein«, sagte sie. »Ich gehe nicht zurück.«
Barkosc wartete zwei, drei Sekunden, als dächte er über das nach, was sie gesagt hatte. Aber in Wirklichkeit wußte er längst, was er tun würde.
»Vielleicht lasse ich dich auch laufen«, sagte er. »Vielleicht laufe auch ich weg. Dann mußt du mir helfen. Wir alle haben Fehler gemacht. Aber Matus und ich haben einen großen gemacht. Wir haben dir vertraut. Vor allem Matus, das dicke Rindvieh, hat dir vertraut. Und du hast ihn hereingelegt. Das gibt uns zu denken.«
Sie standen noch immer nah beisammen, nur nicht mehr ganz so wie ein Liebespaar, und es war kein Geräusch zu hören, nicht einmal das Fahren einer Straßenbahn.
»Du kommst mit zurück«, sagte Barkosc, als habe er ihre Weigerung nicht gehört. »Wir müssen die Suppe auslöffeln, und du wirst uns dabei helfen.«
Er quälte sie, indem er abwechselnd Angst und Hoffnung aufkommen ließ. Hoffnung, an die sie sich klammerte. Angriff, so hatte sie einmal gelesen, sei die beste Verteidigung. Also marschierte sie vorwärts, wenn auch nur symbolisch.
»Du bist die größte Drecksau, die ich kenne«, sagte Brenda. »Aber hier, in der Schweiz, bist du ein Nichts. Du reißt dein Maul auf, aber es sind keine Zähne drin. Wenn ich will, bist du in zehn Minuten verhaftet.«
Barkosc lächelte milde. »Wenn ich will, bist du in zehn Minuten oder in zehn Stunden tot.«

Sie glaubte ihm nicht. Leere Worte von jemandem, der am Ende war.
»Hör mir mal genau zu, Barkosc«, sagte Brenda. »Ich arbeite gegen euch, weil ich weiß, daß ihr verloren seid. Es ist nicht mehr zeitgemäß, was ihr da macht. Warum sind denn alle sozialistischen Länder am Ende? Weil das System danebengegangen ist, oder nicht? Ich möchte erleben, daß die Menschen sich glücklich fühlen. Darum bin ich abgehauen. Wo du hinschaust, gibt es nur Unterdrückung. Ist das der Weisheit letzter Schluß?«
Woher sie diese Formulierung kannte, wußte er nicht. Bestimmt nicht von ihnen. Und das war ausschlaggebend.
»Du kommst also nicht«, hielt Barkosc fest, als müsse er es aufschreiben.
»Genau«, bestätigte Brenda. Sie schrie es sogar. »Und jetzt mach, daß du wegkommst, solange du noch eine Chance hast. Und bevor ich es mir anders überlege.«
Brenda täuschte sich. Sie merkte es bloß nicht. Barkosc streckte den Arm aus. Brenda zuckte zurück. Etwas hatte sie gestochen oder geritzt.
»Das war nur das Armband meiner Uhr«, sagte Barkosc zuckersüß. Er log. Von diesem Moment an hatte Brenda noch genau fünf Stunden zu leben.

»Jetzt weiß ich es«, sagte Bela Koss. Und was im Film geschrien wurde und sehr dramatisch aussah, sagte er ganz leise, so daß der Mann in der ungarischen Botschaft in Bern ihn kaum verstehen konnte.
»Was?«
»Ich weiß, wer er ist.«
»Wer?«

»Dieser Mann, der sich Victor Roth nennt.«
Es dauerte mindestens drei Sekunden, in denen sich der Mann am anderen Ende der Leitung fragte, wer denn Victor Roth war. Er hatte den Namen schon beinahe vergessen.
»Und?«
»Er ist ein Polizeispitzel«, keuchte Koss. »Ein V-Mann, wie man das nennt. Wer hätte das gedacht, nicht wahr?«
»Was?«
»Daß es so etwas im biederen Zürich überhaupt gibt und daß Roth ein solcher ist.«
»Wenn du glaubst, Zürich sei bieder, dann hast du dich getäuscht. Da geschieht mehr, als der äußere Eindruck vermuten läßt.«
Der Mann in der ungarischen Botschaft mochte recht haben. Koss ging nicht darauf ein. Etwas anderes war doch viel wichtiger.
»Was machen wir jetzt?«
»Hinter wem ist er her?«
»Ich weiß es nicht. Vielleicht hinter niemandem.«
»Was sucht er denn in diesen Kreisen?«
»Das weiß ich auch nicht. Vielleicht hat aber alles einen harmlosen Grund.«
»Scheißdreck!« schrie der Mann. »Wenn ein V-Mann sich bei bestimmten Leuten, gerade bei Randgruppen und bei Flüchtlingen, lieb Kind zu machen versucht, ist immer etwas los und hat einen bestimmten Grund.«
»Darf ich etwas erklären?« fragte Koss gedehnt. Der Mann in der Botschaft schwieg. Er war wütend, und er hatte Angst, er hatte das Gefühl, er würde gleich ersticken.
»Roth hat eine Freundin, und die heißt Ilona«, sagte Koss.

»Sie ist die Tochter von Ungarn, hat aber das Schweizer Bürgerrecht. Darum sieht es völlig harmlos aus, wenn Roth sich in diesen Kreisen bewegt. Ich meine, wenn er schon eine ungarische Freundin hat, wäre es ungewöhnlich, wenn er sich nicht in diesen Kreisen bewegte.«

Der Mann nickte. Er sagte nicht, daß es überhaupt nichts hieß, wenn Roth eine ungarische Freundin hatte. Wer wußte denn, warum er sie hatte? Ein V-Mann hatte in dieser Beziehung keine Gefühle.

Wer wußte denn, ob er sich nicht über Ilona in diese Kreise eingeschlichen hatte, um als einer von ihnen zu gelten, Vertrauen zu bekommen und ebenso Informationen, die für ihn nützlich waren?

»Behalte den Mann im Auge«, sagte er zu Koss. »Wenn du etwas vermasselst, kannst du dir gleich den Strick kaufen. Und such dir den Balken aus, der zu dem Strick paßt.«

Er legte auf, Koss legte auf und lächelte. So ein Arschloch! Den Strick kaufen!

Er drehte sich um, und sein Lächeln wurde stärker.

Sie lag noch immer so da, wie sie vorher gelegen hatte. Bereit für ihn. Ihre Haut war schwarz wie eingeöltes Ebenholz, ihre Brüste standen kerzengerade, auch wenn sie lag. Ihre wulstigen Lippen öffneten sich leicht.

Bela Koss hatte wieder die Schwarze bei sich, die er schon einmal mitgenommen hatte. Damals hatte ebenfalls der Mann aus der Botschaft im dümmsten Moment das Spiel unterbrochen. Wie jetzt. Aber es gab einen Unterschied. Damals war der Mann hiergewesen. Jetzt nicht.

Er streichelte die Frau, bis sie die Augen schloß und laut atmete. Mit einem Ruck schob er sich auf sie.

Barkosc ließ Brenda so abrupt los, daß sie gegen die Hausmauer taumelte. Sie schaute ihren Arm an. In der Dunkelheit war nichts zu erkennen. Aber etwas hatte sie geritzt. Vielleicht war es tatsächlich das Armband der Uhr gewesen.

Machte ja nichts. Wichtig war, daß sie ihn nicht mehr spürte, daß sie von ihm weg war.

»Geh nach Hause«, sagte Barkosc. »In deine Wohnung hier in Zürich, meine ich. Eine Heimat hast du ja nicht mehr. Du hast dich für etwas entschieden, und es war das falsche. Pech gehabt, schöne Brenda.«

»Es war das richtige«, schrie ihm Brenda ins Gesicht. »Du stehst auf der Verliererseite. Du und deine Leute haben nicht erkannt, daß sich die Zeiten geändert haben.«

Barkosc lächelte. Wie sich die Redewendungen doch glichen. Es kam nur darauf an, wer sie aussprach.

»Hast du noch weitere von diesen Kalendersprüchen auf Lager?« fragte er gelangweilt.

»Es wird bitter sein für dich, wenn du die Niederlage hinnehmen mußt«, sagte Brenda. Es gab noch so viel, was sie sagen wollte, aber es war nicht der richtige Zeitpunkt dafür.

Sie glitt mit einer schlangenartigen Bewegung an der Hauswand entlang, sie duckte sich und lief weg, aber achtete nicht darauf, daß Barkosc keine Anstalten machte, sie zurückzuhalten. Verliererseite! Er zog belustigt die Stirne kraus. Er hörte ihre Schritte, und er wußte, daß er die attraktive Brenda nie mehr sehen würde.

Barkosc schaute auf seine Finger. Als er ihr gesagt hatte, sein Uhrarmband habe sie gestreift, hatte er ihr ganz ein-

fach Sand in die Augen gestreut, wohl wissend, daß sie es in dieser Situation nicht merken würde.
Was er in seinen Fingern gehabt hatte, war eine Nadel gewesen, die ihren Arm geritzt und dabei ein Gift freigegeben hatte, das Rizin hieß.
Es war ein Gift, das vor allem in Geheimdienst- und Terroristenkreisen beliebt war. Rizin war deshalb so gefährlich, weil es sich in winzigen Dosen beibringen ließ und absolut tödlich war. Ein Ritzen oder ein Streifen genügte, um das Opfer in die ewigen Jagdgründe eingehen zu lassen.
Am 8. September 1978 stand der bulgarische Dissident Georgi Markow auf der Londoner Waterloobrücke. Er hatte für den BBC World-Service-Sendungen in bulgarischer Sprache gemacht. Vielen Leuten hatte das nicht gepaßt.
An diesem 8. September stieß der Bulgare auf der Waterloobrücke in London mit einem Mann zusammen. Der Mann berührte ihn mit einem Regenschirm. Dieser war präpariert, die Spitze versenkte eine winzige Menge des Giftes Rizin in die Haut des Bulgaren.
Hätte der Mann, der nichts anderes war als ein Agent, der Markow ausschalten wollte, eine höhere Dosis verwendet, wäre Markow auf der Stelle tot gewesen. Doch das wollte der Mann nicht. Markow sollte ein paar Stunden weiterleben, damit keine Spur auf den Mann fiel und der Mörder das Weite suchen konnte. Man konnte das Gift dosieren.
Genau das tat der Mann in London.
Und das tat auch Barkosc in Zürich. Er wollte nicht, daß Brenda auf der Stelle tot umfiel. Sie mußte nach Hause gehen können, und Barkosc mußte das Weite suchen können.

Brenda lief weg, sie lief sogar einem Taxi über den Weg, das frei war, und sie kam in der Wohnung an, ohne sich auch nur im entferntesten schlecht zu fühlen.
Leider war Karel Barth noch immer nicht zu Hause. Offensichtlich ging es länger. Aber Brenda hatte Zeit, sie war Barkosc entkommen. Jetzt konnte nichts mehr passieren.
Als Karel Barth nach Hause kam, saß Brenda in einem Sessel. Er kniete sich nieder und nahm sie in die Arme. Sie hatte auf ihn gewartet.
Er umfaßte ihren Hals, und erst als sie schwer auf ihn fiel, merkte er, daß ihre Arme kalt waren. Karel Barth schrie wie von innen, aber niemand hörte ihn.

Die Bestürzung war groß. Herzversagen, so lautete die offizielle Diagnose. Brenda war noch so jung gewesen, zu jung jedenfalls, um an einem Herzversagen zu sterben. In extremen Fällen vielleicht... War dies ein extremer Fall? Wenn man alles in Betracht zog, vielleicht...
Da mußte etwas gewesen sein. Spione konnten theoretisch hundert Jahre alt werden. Nicht jeder wurde abgeknallt, wie man immer so glaubte.
Die Bestürzung war groß, aber nicht einmal Karel Barth oder der Mathematiker dachten an Mord. Die Leute in Budapest, die das »Unternehmen Feuervogel« geplant und eingeleitet hatten, führten Mord nicht in ihrer Taktik. Herzversagen, man mußte es wohl glauben.
Victor Roth, der V-Mann, war nicht bestürzt. Er kannte Brenda zu wenig, und Tote hatte er als Polizist auch schon gesehen.
Aber Roth stutzte. Das alles paßte so schön in Machen-

schaften, die von Geheimdiensten oder anderen Organisationen angezettelt wurden. Die schauten zuerst auf das Alibi, und dann begingen sie die Tat.
Für Roth war der Fall klar. Da hatte bereits jemand provoziert. Jemand war ihm zuvorgekommen. Jetzt galt es, auf den fahrenden Zug aufzuspringen. Mit etwas Glück konnte er die Provokation weiterführen. Und mit etwas Glück verriet sich dabei jemand. U würde ihn glattweg abschießen, wenn er da nicht mitmischte.

»Was ist bei euch los?«
Roth sagte es. Er saß bei Ilona in der Wohnung. Er hatte bereits die zweite Flasche Bier getrunken, er grübelte und grübelte, aber die Gedanken schienen mit dem Bier davonzuschwimmen. Er hoffte auf eine Eingebung, aber alles, was kam, war die Angst, etwas falsch zu machen. Er pfiff aus dem letzten Loch. Nachher war er womöglich nur noch ein Versager.
»Was ist bei euch los?«
Roth wiederholte die Worte, und dieses Mal bereits eine Spur lauter und fordernder. Verdammt, er mußte eine Antwort haben, und zwar eine gute.
Ilona war aus dem Badezimmer gekommen. Sie hatte ein Tuch um sich gewickelt, und mit einem Zipfel trocknete sie sich das Haar ab.
Sie stand still, als sei sie aufgehalten worden. Sie war bereit für die Liebe, und nun schien die Eiszeit auf sie zuzukommen. Die Worte waren die Barriere, und der Ton dieser Worte ohrfeigte sie.
»Was?« fragte sie.
Ihre Hand mit dem Tuch lag auf dem Haar, das Tuch löste sich langsam, und ihre schönen Brüste waren zu sehen.

Was war schon dabei. Roth hatte ihre Brüste gestreichelt und geküßt und darüber gestöhnt.
Jetzt saß er nur da und schlug sie mit Worten.
»Bei euch ist etwas los«, sagte Roth, und er sagte es so, als stelle er fest, wo er doch gar nichts wußte.
»Was heißt bei euch?« fragte Ilona.
»Mach mich nicht wahnsinnig«, zischte Roth. »Bei euch Ungarn, bei wem denn sonst? Da taucht eine Brenda auf, und nach ein paar Tagen ist sie tot. Ihr kapselt euch ab, und nichts ist zu vernehmen. Und da taucht ein Ehepaar auf, das offenbar Walder heißt, und ihr seid vorsichtig, weil ihr nicht genau wißt, ob es nun Schweizer oder Ungarn sind.«
»Christine und Georg Walder sind Schweizer«, sagte Ilona. Sie raffte das Tuch zusammen und bedeckte sich. »Sie haben lange in Ungarn gelebt, aber vielleicht sind sie weder das eine noch das andere.«
»Sondern was?«
Ilona schüttelte den Kopf. »Ich verstehe dich nicht. Und warum sagst du bei euch Ungarn? Hast du vergessen, was ich wirklich bin?«
»Vielleicht bist du auch weder das eine noch das andere. Kannst du mir sagen, was du bist?«
»Ich habe dir gesagt, daß ich dich liebe«, antwortete Ilona. »Ist das nicht die beste Antwort? Aber«, fuhr sie fort und schien sich zu ducken, »vielleicht habe ich einen anderen Victor geliebt als den, den ich heute sehe.«
Roth setzte die Bierflasche an den Mund und trank. Wenn sie ihm nicht half, würde sie bald gar keinen Victor Roth mehr sehen, weder den einen noch den anderen.
Und jetzt, in seiner Notlage, war sie keine Schweizerin, sondern eine Ungarin. »Sind dubiose Machenschaften im

Gang?« fragte er. »Was weißt du? Ist etwas los? Was wird gesprochen? Könnte es irgend etwas mit Spionage zu tun haben?«

»Mit Spionage?« murmelte sie.

»Das ist bei Flüchtlingen und Asylanten immer naheliegend«, sagte Roth hart. »Wir kennen das. Dafür gibt es Erfahrungswerte.«

Sie schaute ihn lange an und sagte nichts. Schließlich mußte sie es sagen.

»Wir?« fragte sie. »Sagtest du wir?«

Victor Roth trank die Bierflasche in einem langen Zug leer, aber es brachte ihm keinen Mut. Er hatte zu spät alles gewagt und nichts gewonnen.

»Vergiß es«, murmelte Roth. Dann raffte er sich auf. »Gedulde dich ein paar Tage, dann weißt du es. Es ändert nichts, glaube mir.«

Aber er hatte ein falsches Spiel gespielt, und nun mußte er dafür bezahlen. Roth war ins Abseits gelaufen.

Ilona war ins Schlafzimmer gegangen. Das Rascheln von Stoff war zu hören. Sie kleidete sich an. Roth trat unter die Tür, und sie wendete sich abrupt ab. Sie hatte den Fön in der Hand, um sich die Haare zu trocknen.

»Geh, Victor«, sagte sie leise. »Ich glaube, ich habe jetzt den Mann kennengelernt, von dem ich ahnte, daß es ihn gab. Und der gefällt mir nicht. Ich will nicht wissen, wer du wirklich bist, das würde alles nur noch schlimmer machen.«

Als die Tür ins Schloß schnappte, setzte sich Ilona auf die Bettkante, und die Tränen liefen ihr über das Gesicht. Die Schluchzer klangen wir ein würgendes Keuchen.

Als die Polizei sich der Sache annahm, annehmen mußte, verließ Barkosc soeben die Maschine der ungarischen Fluggesellschaft Malev. Er ging mit den anderen Fluggästen, meistens Touristen, durch die Paßkontrolle und den Zoll, er nahm vor dem Flughafen ein Taxi, er setzte sich auf den Rücksitz und schloß die Augen.
Auch er hatte verloren. Nach jahrelangen Vorbereitungen und Entbehrungen waren sie wieder dort, wo sie angefangen hatten. Es gab eben immer wieder Faktoren, die nicht kalkulierbar waren. Einer davon war Brenda gewesen.
Sie hatte dafür büßen müssen. Jeder mußte büßen, der die Bewegung verriet. Matus mußte dafür bezahlen, auch wenn er nicht direkt schuldig geworden war. Aber in seinem Bereich war die Schwachstelle aufgetreten. Sein Kopf würde rollen.
Glasnost und Perestroika hatten auch die Staaten außerhalb der Sowjetunion erfaßt. Diese Bewegung war stärker geworden. Nun mußte man warten. Vielleicht würde sich eines Tages alles ins Gegenteil umkehren.
Barkosc fuhr direkt in sein Büro. Er vernichtete alle Akten, die Hinweise hätten geben können. Danach ging er in die Fußgängerzone. Er kaufte sich in einem Geschäft einen Benetton-Pullover und in einem anderen Geschäft ein Pierre-Cardin-Hemd.
Man mußte doch zeigen, daß man die Zeichen der Zeit erkannt hatte. Das war wichtig. Man mußte es zeigen, auch wenn man nicht so dachte.
Und Barkosc würde nie so denken. Aber seine Zeit würde eines Tages wiederkommen. Vielleicht in zehn Jahren oder noch später. Er würde dasein und seine Getreuen auch. Außer Matus natürlich. Vorerst mußte man alles in

die Tiefkühltruhe packen und einfrieren. Wenn es soweit war, würde alles sehr schnell aufgetaut sein.

»Ab sofort verhältst du dich ruhig, als seist du gar nicht vorhanden«, sagte der Mann von der ungarischen Botschaft zu Bela Koss. »Es wird Ermittlungen geben, aber du wirst davon nicht erfaßt werden. Man kennt dich nicht, also mach nicht, daß man dich kennt. Zuerst fährst du drei Wochen in den Süden. Nachher sehen wir weiter.«
»Das kostet Geld«, sagte Bela Koss, aber er sagte es so, daß es logisch, aber nicht fordernd klang.
»Du wirst etwas erhalten. Du wirst das erhalten, was du brauchst, mehr nicht.«
»Danke, Meister«, sagte Koss. Er durfte es sich erlauben. Immerhin wußte er einiges. Er könnte vieles auffliegen lassen. Aber warum sollte er etwas tun, was nur Unannehmlichkeiten brachte? Er war doch nicht blöd. Nur Trottel sägten an dem Ast, auf dem sie saßen. Er freute sich bereits auf alle die Frauen, die er noch kennenlernen würde. Das »Unternehmen Feuervogel« war jetzt nicht mehr als eine Episode, die von Anfang an zum Scheitern verurteilt gewesen war. Aber die anderen wußten es ja immer besser.
Er ging ins Badezimmer und duschte sich. Abwaschen, was nichts als Dreck gewesen war.

Victor Roth kochte vor Wut und Enttäuschung. Auch er kam sich dreckig vor, und zwar so, als könne man das nie mehr wegwaschen. Er wußte jetzt, wie einem zumute sein konnte, wenn man sagte, daß man zu einem Mord fähig sei.
Roth war nicht zu einem Mord fähig. Aber er mußte je-

manden mit sich ins Verderben ziehen. Er durfte nicht der einzige Verlierer sein. Das gab ihm eine gewisse Genugtuung. Wenn schon, denn schon. Es durfte keinen geben, der sich als Sieger fühlen konnte. Vor allem dann nicht, wenn er nicht der Sieger war.
Und bis jetzt war er eher der Verlierer.
Er hatte Ilona verloren, und das traf ihn tiefer, als er geglaubt hatte. Und das bestärkte ihn in dem manischen Trieb, daß noch jemand verlieren mußte, spürbar und schmerzhaft. Ja, vor allem schmerzhaft.

Wieder spielte Walder mit dem Mann, der ihm das Racket mit dem hohlen Stiel hingestellt hatte. Walder konnte sich kaum konzentrieren. Er wußte, daß dieses Spiel nur eine Farce war, daß der entscheidende Moment erst dann kommen würde, wenn es zu Ende war. Darum dachte er immer nur daran. Und darum verlor er auch sehr schnell.
Walder schaute seinen Tennispartner an, aber der schien ihn kaum zu beachten. Er haderte mit dem Schiedsrichter, der seiner Meinung nach eine Fehlentscheidung gefällt hatte.
»Kauf dir eine Brille«, sagte der Mann zu dem Schiedsrichter. »Beim letzten Game war der Ball . . .«
»Du hast ja gewonnen«, sagte der Schiedsrichter kurz angebunden. »Was willst du mehr?«
»Ich will . . .«
Der Schiedsrichter hörte gar nicht mehr zu. Er stieg von seinem Podest hinunter, und der Sieger gab Walder die Hand, lange und freundschaftlich, und er machte es so gut, daß Walder erst nachher merkte, daß er wieder nicht sein Racket in den Händen hielt.

Er wußte aber sofort, was das bedeutete.
In der Toilette drehte er den Griff auf. »Verhalte dich ruhig«, stand auf dem Zettel. »Etwas ist schiefgelaufen. Du unternimmst vorläufig nichts. Keine Kontaktaufnahme, weder durch einen toten Briefkasten noch sonstwie. Auch keine Aktivitäten deinerseits. Du bekommst Mitteilung, wenn sich die Lage geändert hat.«
Die Anweisungen waren klar, doch Walder hatte trotzdem seine Zweifel. Nichts tun hieß unter Umständen etwas verpassen. Aber das konnte ja nicht seine Schuld sein. Er würde sich an die Anweisungen halten, dann konnte ihm niemand einen Vorwurf machen.
Nichts tun ließ Möglichkeiten für anderes offen. Man konnte sich etwas Gutes tun.
»Cristina«, sagte er, und er sagte immer Cristina und nicht Christine, wenn niemand zuhörte, »Cristina, heute gehen wir aus. Nichts ist unverfänglicher als das Lokal, in dem sich alle Ungarn treffen. Hast du nicht auch Lust auf eine Bohnensuppe, wie sie bei uns gemacht wird?«

Victor Roth zitterte in dem Bemühen, den Schwachpunkt zu finden, und er war nahe an der Selbstaufgabe. Auch er saß in dem Lokal, in dem sich die Ungarn trafen, allein und mit scheelen Blicken bedacht. Er hatte eine Frau sitzenlassen, die zwar in der Schweiz geboren war, aber im Grunde immer noch eine Ungarin war.
Und deshalb wurde Roth jetzt von allen verurteilt und verachtet. Er mußte schnell etwas tun, was seine Position veränderte. Er hätte jubeln können, als sich die beiden Walders in der Nähe an einen Tisch setzten. Roth zögerte keine Sekunde.

Er sprang auf und griff nach einem Stuhl, damit sich niemand mehr darauf setzen konnte. »Ich möchte mich mal ein bißchen mit euch unterhalten«, sagte er so freundlich, daß es falsch klang, und nicht nur dieser Ton versetzte Walder in Alarmbereitschaft.

Jeder, der fragte, war ein potentieller Feind. Vor allem deshalb, weil sie etwas zu verbergen hatten.

»Wie war das denn genau«, begann Roth.

»Wir sind Schweizer Bürger«, sagte Walder. »Und je länger es dauert, desto mehr werden wir Schweizer. So etwas lernt man nicht von heute auf morgen.«

Roth grinste so wölfisch, daß Walder fast schlecht wurde.

»Genau«, sagte Roth. »Du sagst es. Und ich stelle die gleiche Frage noch einmal: Wie war das denn genau.«

»Was?«

»Wie wurdet ihr Schweizer Bürger?«

Roth war nicht auf den Kopf gefallen. Ein V-Mann mußte sich mit dem Dreck der Welt befassen, er war selbst ein Teil davon und konnte deshalb auch nicht empfindlich sein. Und schließlich war ein V-Mann immer noch ein Polizeibeamter und bekam deshalb Informationen, die irgendein Spitzel nicht erhielt. Und er hatte auch eine Schulung, die etwas mehr brachte, als man es im Film für möglich hielt.

»Warum interessiert dich das?«

»Das sage ich dir, wenn du mir geantwortet hast.«

Walder setzte alles aufs Spiel, wie das Spieler in gewissen Situationen tun. Gewannen sie, waren sie mehr als nur strahlende Sieger.

»Wir haben uns den Aufenthalt in unserer Heimat etwas anders vorgestellt«, sagte er, und er sagte es so laut, daß die anderen darauf reagieren mußten.

Jetzt lachte Roth unverhohlen. Das war das Verhalten, wenn einem das Wasser bis zum Hals stand. Er hatte also doch recht gehabt, und er hatte auch das Glück der letzten Minute.

»Ich kann euch auffliegen lassen«, sagte Roth so fröhlich, als erzähle er einem Kollegen einen Witz. Schon mehr als einmal war es vorgekommen, daß man sich zum Zweck der Spionage unter falschen Angaben irgendwo eingeschlichen hatte. Er wußte das.

»Ich kann euch auffliegen lassen«, sagte er wieder, und er hätte es noch zehnmal gesagt, so sehr verschaffte es ihm Genugtuung.

Aus den Augenwinkeln sah Roth, daß einige Leute ihn ansahen. Ihre Gespräche waren verstummt. Er war derjenige, der den Frieden störte. »Ich werde eure Geschichte prüfen lassen«, sagte er leise, so daß die erbosten Beobachter ihn nicht hören konnten. »Ich werde euch die Kutteln kochen, daß man sie nicht einmal mehr den Schweinen vorwerfen kann.«

Es war ein Schuß ins Blaue. Er wußte nicht, daß der Mann in der ungarischen Botschaft in Bern zu Koss gesagt hatte, bei einem Fehlschlagen könne sich Koss gleich einen Strick kaufen und sich den Balken dazu aussuchen.

Roth kannte die Worte nicht. Aber er kam sich so vor.

Nach einer langen Minute änderte sich alles schlagartig. Walder fragte: »Was verlangst du?«

Roth hielt sich an der Tischkante fest, um nicht zu schreien und vor Freude aufzuspringen. Er war gerettet.

Nach einer weiteren langen Minute stand er auf. »Ich sag's dir«, meinte er leichthin. »Laß dich nicht beunruhigen. Mach einfach weiter, als sei nichts passiert.«

Er ging aus dem Lokal, aber er hatte nicht gesehen, daß

noch jemand aus dem Lokal gegangen war. Jemand, der die Unterhaltung nicht gehört hatte, dem diese Unterhaltung auch egal war. In ihren Augen hatte Roth einen viel größeren Fehler gemacht. Er hatte Ilona sitzenlassen. Oder anders gesagt, er hatte sie ausgenutzt.

Als er nach einem Besuch der Toilette durch den Hinterausgang das Lokal verließ, lief er in eine Faust, die wie eine Eisenstange war.

Er wurde in die Höhe gehoben, und in der gleichen Sekunde traf ihn etwas in den Magen, und es traf ihn etwas in die Hoden, es traf ihn eigentlich überallhin. Ein Dutzend Fäuste und Füße schienen ihn zu treffen, die Schmerzen waren so stark, daß er nicht einmal schreien konnte.

Aber ein Gedanke krallte sich fest, und er war so wohltuend, daß er alle Schmerzen linderte. Ich habe recht gehabt, dachte er. Ich habe recht gehabt. Nein, ich habe nicht recht, ich habe Glück gehabt. Der Schuß ins Blaue hat getroffen. In der letzten Sekunde bin ich von der Verlierer- auf die Siegerseite gekommen.

Als sein Kopf explodierte und in einer Pfütze landete, dachte er daran, daß es nichts Wichtigeres gab, als U zu benachrichtigen. Er war der Rettungsring.

Sie kamen zu dritt, und sie machten freundliche Gesichter. Noch wußte man nichts Genaues. Vielleicht hatte Roth recht, vielleicht auch nicht. Sie mußten vom letzteren ausgehen. Doch allzu freundliche Gesichter machten sie auch nicht. Lag man falsch, konnte man sich immer noch entschuldigen.

Einer war dabei, der auf Urkundenfälschung spezialisiert war. Man sagte, es gäbe nichts, wenn es gefälscht war, das seiner Aufmerksamkeit entgehen konnte.

»Eine Routinesache«, meinte U salbungsvoll. Dem Hinweis des zusammengeschlagenen Roth mußte man nachgehen. Man durfte die Spur wirklich nicht außer acht lassen.
Dann ging alles viel schneller, als sie gedacht hatten. Walder glaubte nicht an ein hartnäckiges Leugnen, das ihm eine gute Chance gegeben hätte. Wenn er durch alle Böden behauptet hätte, sein Anspruch auf das Schweizer Bürgerrecht sei legal, hätte ihm das zumindest eine Verschnaufpause gebracht, eine Verschnaufpause, die ihm alles ermöglicht hätte. Und der Bewegung immerhin den Umstand, daß nicht alles aufgedeckt worden wäre.
Der Mann, der mitgekommen war und alle Fälschungen kannte, sei es nun auf dem Heimatschein oder auf einem anderen amtlichen Papier, schüttelte plötzlich den Kopf.
U streckte sich. Seit einiger Zeit hatte er keine Hoffnung mehr geschöpft. Aber jetzt war das Kopfschütteln ein positives Zeichen.
»Großartig«, sagte der Mann, der den Paß von Christine Walder in den Händen hielt, »großartig, aber eben doch nicht echt.«
Auf Seite 32 eines jeden Schweizer Passes steht ein Text auf französisch, deutsch und italienisch, wie sich ein Schweizer Bürger bei einem Auslandsaufenthalt zu verhalten hat. Hier legte der Mann den Zeigefinger drauf.
Beim italienischen Text, der den Leuten, die Walders Paß vorbereitet hatten, offensichtlich nicht bis zum Letzten geläufig war, hatten sich zwei orthographische Fehler eingeschlichen.
Er hielt den Paß Walder hin. »Wie erklären Sie sich das?« fragte er.
Auch U hätte dies gerne gewußt. Walder ebenfalls. Da

ihm keine Antwort einfiel, schwieg er. Walder schaute U an, und U schaute Walder an, und da keine Antwort in diesem Fall einem Geständnis gleichkam, stand U auf.
»Kommen Sie mit«, sagte er. »Sie haben gewisse Rechte, die ich Ihnen noch vorlesen werde. Im Augenblick weiß ich sie nicht auswendig. Wir müssen solange annehmen, daß Sie unschuldig sind, bis wir das Gegenteil bewiesen haben. Da sind wir auf der schlechteren Seite«, meinte U säuerlich. »Wir haben Ihre Schuld zu beweisen, Sie aber nicht Ihre Unschuld.«
Dann ging plötzlich alles viel schneller, und es kam von einer Seite, die kaum jemand beachtet hatte.
»Ich kann Ihnen viel erzählen«, sagte Christine. »Wahrscheinlich ist es mehr, als Sie denken.«
U stand gebeugt da, und erst nach einer Weile hob er den Kopf. »Ich danke Ihnen«, sagte er, und er meinte es auch so. Hartnäckiges Schweigen konnte ein Verfahren um Monate verlängern. Alle waren froh, wenn es nicht soweit kam.
Er nahm Christine am Arm. »Kommen Sie«, sagte er, und er achtete nicht auf Walder, in dessen Augen Haß lag und die das sagten, was seine Lippen nicht vermochten. Niemand hat seine stummen Verwünschungen je erfahren.

Die Journalisten schrieben eifrig mit. Sie hatten endlich wieder einmal eine Sensation. Die Drogenszene gab nicht mehr viel her, höchstens wenn einer umgebracht wurde, aber auch dann beschränkte man sich auf das Notwendigste.
Man mußte etwas bringen, was ans Lebendige ging, was die Nation als Ganzes beleidigte. Hier hatte man es. Perestroika und Glasnost hatten eine weitere Hürde genom-

men. Die Demokratisierung war nicht aufzuhalten. Man hatte es doch immer gewußt. Der Osten mit seinen veralteten Ansichten hatte verloren.
Gegen Ende der Pressekonferenz stand ein Journalist auf. »Wie war das mit dem Mann, der Victor Roth heißt und zusammengeschlagen wurde?« fragte er.
U zuckte die Schultern. »Das hat mit dieser Sache nichts zu tun«, antwortete er. »Ich kenne den Mann nicht.«
Niemand erfuhr, was sich wirklich abgespielt hatte. Darüber gab es keine Pressekonferenz.